やさしくわかる
社会福祉法人の
経営と運営 第4版

平林 亮子 著
髙橋 知寿

税務経理協会

は じ め に

　近年，社会福祉法人を取り巻く状況は大きく変化してきています。

　その最たるは，2016年の社会福祉法の改正です。

　社会福祉法の改正によって，社会福祉法人には現在厳しい目が向けられています。

　社会福祉法人の役員に対する責任が法律上も明記され，役員報酬等についても今まで以上の情報開示が義務付けられました。また，一定の規模以上の社会福祉法人に対して，会計監査人監査が義務付けられることにもなりました。

　「社会的な影響が大きい組織だから」，「公的な資金をもとに運営される組織だから」というのがこれら一連の改正の理由であり，その中には一部の社会福祉法人の経営層による不正が起きたことも関係していると思います。

　しかし，ここで再度振り返っていただきたいと思っています。社会福祉法人という制度は，戦後まもない，日本がまだ本当に貧しかったころに，一部の篤志家の方々が貧困や差別から社会的な弱者を救済するために私財を投じ，寄附を集めることで行ってきた活動を法律として制度化したのが始まりでした。

　そこから昭和，平成，令和へと時代を変え，制度も大きく変化しながらも社会福祉法人という組織を1日も休むことなく運営されて来られた方々の存在無くして今の日本はありません。社会福祉法人という制度ができてから，社会福祉法人に携わって来られた方々の歴史の上に今があるのだと実感します。

　現在，社会福祉法人は，昭和26年に社会福祉事業法ができたときの創設者の孫世代の方々が中心となって経営されていると思います。各法人，時代が変わり，世の中のニーズも大きく変わる中で，時代に即して変えるところと，時代は変わっても決して変わらない創設者から受け継いだ「想い」とのせめぎ合いの中で悩まれている方も多いと思います。

　本書は，社会福祉法人の経営と運営について役立つ情報についてまとめたものです。もしかすると経営者の方から見れば効率性を重視した「小手先」の対

応と思われる内容を含んでいるかもしれません。

　効率を重視すること自体が，社会福祉法人の経営者の皆様の考えとズレてしまうことが多々あるからです。例えば，介護などでは効率を求めること自体が実態にそぐわないとも思います。

　ただ，だからこそ，効率化できるところは効率化すべきだと思います。社会福祉法人のスタッフの方々が本来やるべき業務に集中するために，そして，その結果として提供するサービスの質を少しでも上げるために効率化できるところは効率化するというのが，結果としてスタッフの方々と利用者様両方の幸せにつながるからです。また，組織は法律や社内規則などのルールがなければ運営ができないのも事実です。本書は，社会福祉法人の役割やその存在意義を理解した上で，専門家の観点からできるアドバイスを盛り込みました。

　令和の社会においても必要不可欠である社会福祉法人の経営と運営が少しでも良いものになりますこと願っております。

　2020年3月

著　　者

目　　次

はじめに

第1章　社会福祉法人の1年間

第2章　社会福祉法人と役員

第3章　社会福祉法人と資金繰り

第4章　社会福祉法人の経理業務

第5章　社会福祉法人の職員管理

第1章

社会福祉法人の1年間

I 社会福祉法人は社会福祉事業を行う法人です

■ 社会福祉法人が運営できる施設

　社会福祉法人は，その名のとおり，社会福祉に関する事業を行うことのできる法人です。社会福祉事業のみを行うことを目的としなければなりませんが，付随する収益事業等を行うことまで禁止されているわけではありません。

　社会福祉事業には，第一種社会福祉事業と第二種社会福祉事業とがあり，社会福祉法に規定されています。具体的には，次のような事業を行うことができます。

> 【社会福祉法人が行うことのできる主な事業】
> ① 生活保護法に規定する，救護施設，更生施設などを経営する事業
> ② 児童福祉法に規定する，乳児院，母子生活支援施設，児童養護施設，障害児入所施設などを経営する事業
> ③ 老人福祉法に規定する，養護老人ホーム，特別養護老人ホームなどを経営する事業

　なお，養護老人ホーム及び特別養護老人ホームのように，行政及び社会福祉法人にしか運営を許されていないものもあります。社会福祉法人が，いかに公共性の高い組織であるということがわかるでしょう。

　その公共性の高さから，営利企業とは違う制度の中で運営されています。

■ 社会福祉法人も人が働いてサービスを提供する組織

　一方，社会福祉法人といえども，利用者からお金を受け取って，スタッフを雇い，経費を支払って運営するという点では，営利法人と変わらない側面もあります。

　健全な運営のためには，

　① 適切な福祉サービスの提供

　② ①を継続するための経営管理

の両面が重要になります。

　また，近年の社会福祉法人の状況を見ると，最大の課題は，「職員の採用・雇用継続」にあります。社会福祉法人は，様々なサービスを提供する法人ですが，サービスの提供は職員によって行われます。その職員自体が採用できなければ，法人としてサービスを提供し続けることはできなくなります。

　今後，職員を採用し続けることができ，かつ，離職率を可能な限り抑えることが一番のキーポイントになります。そのために，まずは採用ルートの確保・拡大と，離職率や離職理由の継続的なモニタリングが重要です。

Ⅱ　社会福祉法人の１年は４月から始まり
　　３月末で終わります

■ 社会福祉法人の運営スケジュール

　社会福祉法人は，４月１日から３月31日までの１年間を区切りとして運営される組織です。社会福祉法人について定めた社会福祉法に，会計年度を４月１日から３月31日までの１年間とする旨の規定があり，その会計年度に合わせてさまざまな手続をするようになっているためです。

　会計年度とは，お金に関するデータを集計する期間のことです。４月１日から３月31日までの収支を集計するとともに，３月31日時点でどれだけの財産が残っているかを整理することになります。

　なお，収支の集計をし，その結果となる書類を作る一連の作業を決算といい，集計結果をまとめた書類を計算書類といいます。

■ 適切な運営と決算のための体制

　ところで，３月31日を区切りにするといっても，実際には，そこで社会福祉法人の運営を中断するわけではありません。たとえば，特別養護老人ホームを運営している社会福祉法人は，３月31日であろうと４月１日であろうと，利用者にサービスを提供し続けることになります。

　そのため，１年間のデータをきちんと集計するためには，サービスの提供を止めることなく，データを把握できる体制を設けることが重要になります。たとえば，レジを締める時間や経費精算の期日のルールを決めるなど，３月31日までの収支とそれ以降の収支を明確に線引きする必要があるのです。

　また，３月31日までのデータを集計するといっても，そのデータが出揃うの

は，通常4月以降になります。3月の収支の集計を3月31日のうちに終わらせることが難しいのはもちろんのこと，3月の水道光熱費や通信費の請求書を入手できるのは4月に入ってからになるのが一般的だからです。

　4月といえば，新しい利用者や職員の受け入れがあったり，行事も多かったりする時期だと思いますが，そこに決算も重なることになるわけです。

　利用者へのサービスの提供が何よりも大切であることは間違いありませんが，社会福祉法人運営のために，決算業務を欠かすことは許されません。法律で定められているからというだけではなく，収支の状況がわからなければ結局，適切なサービスを提供し続けることができなくなるからです。

　社会福祉法人では，4月1日から3月31日までの1年間が会計年度となることを念頭に置いたうえで，決算に対応できる体制や年間のスケジュールを整えることが大切です。

Ⅲ 毎月のように事務作業があるから大変！

■ 社会福祉法人の年間スケジュール

　社会福祉法人で必要になる作業には，以下のようなものがあります。この表に，各施設で開催するイベントを含めた年間スケジュール表をあらかじめ作成しておくとよいでしょう。

月	必要な作業
4月	新年度開始 新規職員の社会保険等の届け出
5月	消費税等の申告と納税（必要な法人のみ）
6月	計算書類等の作成，承認，資産総額変更登記 社会福祉法人現況報告書の作成，承認，提出 労働保険年度更新の届け出
7月	労働保険料（第1期）の納付 社会保険の算定基礎届の提出
8月	
9月	下期に向けた補正予算の編成と承認
10月	労働保険料（第2期）の納付
11月	
12月	年末調整，源泉徴収票の発行 支払調書の発行
1月	労働保険料（第3期）の納付 決定調書合計表の提出

2月	
3月	新年度予算の編成と承認，事業計画の作成と承認 給与改訂の計算

※　賞与を支給した場合には，賞与支払届が必要になります。
※　原則として，年に1度，所轄庁の指導監査が行われます。

■ 理事会と評議員会

　年間スケジュール表には記載していませんが，理事会と評議員会も定期的に開催しなくてはなりません。

　理事会の開催頻度は，原則として3か月に1回以上開催することとされています。評議員会は，毎会計年度の終了後一定の時期に実施しなくてはならないとされています。なお，毎年一定の時期に開催される評議員会を定時評議員会といいます。

　理事会について，定款で4か月を超える間隔で年2回の開催とすることもできますが，現実的には，①予算の承認，②補正予算の承認，③計算書類の承認が必要になると考えられます。そのため，通常は，①に関しては3月頃，②に関しては9月～11月，③に関しては5月～6月に開催することに加え，その他，必要に応じて開催するというスケジュールになるでしょう。

　一方，評議員会については，③の理事会の後に開催されることになりますので，多くの法人が定時評議員会を6月に実施するものと思われます。

■ 所得税の源泉徴収分と社会保険料は毎月納付が原則

　社会福祉法人が役員やスタッフに給与や賞与を支給する場合，また税理士や社会保険労務士などに報酬を支払う場合には，所得税を源泉徴収し，本人たちに代わって納付しなければなりません。納付は，原則として，源泉徴収をした翌月の10日までに行います。給与所得者が10名未満の場合には，半年に1度の

納付で済む特例がありますが，社会福祉法人で特例を受けられるところは稀でしょう。

　所得税の納付については，電子納税の登録をしていなければ，実際に金融機関に出向く必要がありますので，注意が必要です。

　また，社会福祉法人は，社会保険への加入が必要です。社会保険料を職員と折半し，スタッフの個人負担分については源泉したうえで，法人の負担分と一緒に納付します。社会保険料については，銀行預金口座からの引落が可能です。

　これらはすべて，給与計算の流れの中で処理されることになるため，

　① 法人にとって作業時間を確保できる日を給与計算の締日にする。

　② 給与計算や源泉の納付の日程をあらかじめきちんと確保しておく。

　③ 残業等の報告期日を明確にし，周知徹底する。

という対応をしておく必要があります。

Ⅳ　社会福祉法人ならではの手続があります

■ 社会福祉法人は国などの監督下にある

　社会福祉法人は一般的に，厚生労働大臣又は都道府県知事もしくは指定都市もしくは中核市の長によって監督される組織です。つまり，国や地方自治体からの規制を強く受けます。そのため，一般の企業にはない，次のような手続が定期的に必要になります。

① 資産総額変更登記（毎年）

② 社会福祉法人現況報告書等の提出（毎年）

③ 役員・評議員変更届（最低2年に1度）

①　資産総額変更登記

　資産総額変更登記は，決算に基づいて資産の総額を変更する登記手続です。毎会計年度終了後3か月以内に行う必要があります。

　法務局にて財産目録又は貸借対照表を添付のうえ，資産総額変更登記を行うことになりますので，それまでに，監事の監査を終え，理事会と評議員会の承認を得るようスケジュールを組まなくてはなりません。

②　社会福祉法人現況報告書等の提出

　毎会計年度終了後3か月以内（6月末まで）に，所轄庁に社会福祉法人現況報告書等を提出する必要があります。計算書類等と合わせて医療福祉機構が運営する電子開示システムに入力したり，書類や電磁的方法により届け出たりするよう規定されています。

③　役員・評議員変更届

　役員（理事長，理事，監事）や評議員に変更があった場合には，所轄庁あてに変更届の提出が必要になります。なお，任期は，選任後2年以内（評議員は

４年以内）に終了する会計年度のうち最終のものに関する定時評議員会の終結の時までであるため，約２年（評議員は４年）ごとに改選をします。重任の場合でも届出が必要になりますので，注意してください。

■ 社会福祉充実残額の算定と社会福祉充実計画

社会福祉法人は，毎会計年度，貸借対照表の資産の部に計上した額から負債の部に計上した額及び基本金，国庫補助金等特別積立金を控除した額が事業継続に必要な財産額を上回るかどうかを算定しなければなりません。そして，上回る額があれば「社会福祉充実残額」として，既存の社会福祉事業もしくは公共事業の充実又は新規事業の実施に関する計画を策定し，これに基づく事業を実施しなくてはなりません。

なお，社会福祉充実残額を利用する計画を社会福祉充実計画といい，これに基づく事業を社会福祉充実事業といいます。

社会福祉充実残額は，次のように計算します。

社会福祉充実残額＝①活用可能な財産－②社会福祉法に基づく事業に活用している不動産等

－③再取得に必要な財産－④必要な運転資金

① 活用可能な財産

「資産－負債－基本金－国庫補助金等特別積立金」と計算されます。

② 社会福祉法に基づく事業に活用している不動産等

「財産目録より特定した事業対象不動産等に係る貸借対照表価額の合計額－対応基本金－国庫補助金等特別積立金－対応負債」と計算されます。

③ 再取得に必要な財産

「将来の建替に必要な費用＋建替までの間の大規模修繕に必要な費用＋設備・車両等の更新に必要な費用」と計算されます。

④　必要な運転資金

　年間事業活動支出の3か月分です。

　社会福祉充実残額は，現況報告書等に記載することになります。

　また，社会福祉充実残額が0円以下である場合には，社会福祉充実計画の策定は不要ですが，1万円以上である場合には，原則として当該充実計画を策定し，社会福祉充実事業を行う必要があります。

　ただし，当該計画の策定による費用が社会福祉充実残額を上回ることが明らかな場合には，当該費用により社会福祉充実残額がゼロ（マイナス）となり，事実上，社会福祉充実事業の実施が不可能であることから，当該計画を策定する必要はなくなります。

■ 3月から6月は手続ラッシュ

　3月までには予算を編成し，6月までの間に，上記のような各種届出が必要になります。役員の改選は，この時期のみであるとは限りませんが，3月から6月は，各法人，新規職員の受け入れなどもあり，非常に忙しい時期であることを忘れないで下さい。

　具体的な決算の対応などは後述しますが，預金通帳の記帳，預金の残高証明書の入手など，何かと手間がかかるものです。年明けには作業内容を把握し，スケジュールに組み込んでおくように工夫しましょう。

■ 社会福祉法人と登記

　社会福祉法人は，設立時に次の事項について登記が必要とされています。

```
【社会福祉法人の登記事項】
①　目的及び業務
②　名称
```

③　事務所の所在地

④　代表権を有する者（理事長）の氏名，住所及び資格

⑤　解散の事由を定めたときは，その事由

⑥　資産の総額

そのため，これらの登記事項に変更が生じた場合には，その都度，登記の変更手続が必要になります。

■ 社会福祉法人は地域の目で常にチェックを受けている

社会福祉法人が毎年行わなければならないことは多岐にわたり，決算の情報を含む経営状況に関する情報は，社会福祉法人現況報告書等を通して所轄庁に吸い上げられます。また，計算書類や事業報告書は原則として事務所に備え置き，福祉サービスの利用希望者から請求があれば閲覧に供することになっています。

そのため，社会福祉法人は常に所轄庁や地域の福祉サービスの提供対象となる方々から「見られている」という状態であるため，適正運営，適正経営が強く求められる存在といえます。

〈図表1〉　社会福祉法人公表情報等

		決算届※1	公表※2	備置（主たる事務所）	備置（従たる事務所）
1	定款の内容		要	要	要
2	理事・監事・評議員に対する報酬等の支給基準	要	要	要 5年	要 3年
3	計算書類（貸借対照表，収支計算書）	要	要	要 定時評議員会の2週間前から5年	要 定時評議員会の2週間前から3年
4	役員等名簿	要	要	要 5年	要 3年
5	事業の概要その他の厚生労働省令で定める事項を記載した書類※3	要	要	要 5年	要 3年
6	事業報告	要		要 定時評議員会の2週間前から5年	要 定時評議員会の2週間前から3年
7	計算書類および事業報告の附属明細書	要		要 定時評議員会の2週間前から5年	要 定時評議員会の2週間前から3年
8	監査報告	要		要 定時評議員会の2週間前から5年	要 定時評議員会の2週間前から3年
9	財産目録	要		要 5年	要 3年
10	評議委員会議事録			要 会議の日から10年	要 会議の日から5年
11	理事会議事録			要 会議の日から10年	

※1　書面，電磁的方法，電子開示システムのいずれかによるが電子開示システムを利用できるものはそれによるのが望ましい。

※2　インターネットによる。ただし電子開示システムに入力した内容はそれで足りる。

※3　具体的には以下の内容を意味しており，(1)から(14)までを記したものが「現況報告書」となる。

(1)　当該社会福祉法人の主たる事務所の所在地及び電話番号その他当該社会福祉法人に関する基本情報

(2)　当該終了した会計年度の翌会計年度（以下「当会計年度」）の初日における評議員の状況

(3)　当会計年度の初日における理事の状況

(4)　当会計年度の初日における監事の状況

(5)　当該終了した会計年度（以下「前会計年度」）及び当会計年度における会計監査人の状況

(6)　当会計年度の初日における職員の状況

(7)　前会計年度における評議員会の状況

(8)　前会計年度における理事会の状況

(9)　前会計年度における監事の監査の状況

(10)　前会計年度における会計監査の状況

(11)　前会計年度における事業等の概要

(12)　前会計年度末における社会福祉充実残額並びに社会福祉充実計画の策定の状況及びその進捗の状況

(13)　当該社会福祉法人に関する情報の公表等の状況

(14)　第十二号に規定する社会福祉充実残額の算定の根拠

(15)　事業計画を作成する旨を定款で定めている場合にあつては，事業計画

(16)　その他必要な事項

※4　表に記したものの他，社会福祉充実計画の作成，届出，公表等が必要な場合もある。

第2章

・・・・・・・・・・・・・・・・・・・・・・・・・・・

社会福祉法人と役員

I 社会福祉法人はこんな組織です

■ 社会福祉法人の全体像

　社会福祉法人は，次ページのような組織によって運営することになっています。

　評議員及び評議員会は，法人の根本的な事項を決定する意思決定機関です。

　理事は，評議員会にて選任され，理事全員で理事会を構成し，法人の運営に関する重要事項について意思決定することになります。そして，理事会の決議により理事長を選定し，理事長が法人を代表するものと法律に規定されています。

　理事の職務と会計についての監査を行うのが監事です。監事も評議員会において選任されます。

　また，収益などが一定規模以上の社会福祉法人においては，会計監査人による監査も義務付けられました。会計監査人となれるのは公認会計士又は監査法人のみで，評議員会において選任されます。なお，会計監査人は，定款の規定により任意に設置することも可能です。

　上記の評議員，理事，監事，会計監査人は，その任務を怠ったときは，社会福祉法人に対し，これによって生じた損害を賠償する責任を負います。また，職務を行うについて悪意または重大な過失があったときは，第三者に生じた損害を賠償する責任を負います。職務をまっとうするよう心がけるのは当然ですが，役員が過度な責任を負わないよう，責任限定契約の必要性について検討することも重要です。

〈図表2〉社会福祉法人の経営組織

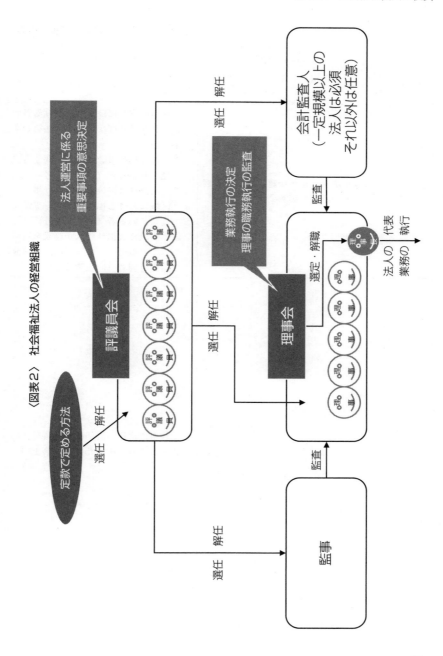

	評議員	理事
員　数	理事の員数を超える数（法第40条第3項）	6名以上（法第44条第3項）
資　格要　件	社会福祉法人の適正な運営に必要な識見を有する者（法第39条）	・　理事のうちには，次に掲げる者が含まれなければならない（法第44条第4項）。 ①　社会福祉事業の経営に関する識見を有する者（同項第1号） ②　当該社会福祉法人が行う事業の区域における福祉に関する実情に通じている者（同項第2号） ③　当該社会福祉法人が施設を設置している場合にあっては，当該施設の管理者（同項第3号）
選　任・解　任方　法	定款で定める方法 　（法第31条第1項第5号） ※　外部委員が参加する機関の決定に従って行う方法等 ※　理事又は理事会が評議員を選任・解任する旨の定めは無効（同条第5項）	・　理事の選任・解任は，評議員会の決議による（法第45条の4第1項）

会計監査人について

監事	会計監査人
2名以上（法第44条第3項）	法人に応じて
・　監事には，次に掲げる者が含まれなければならない（法第44条第5項）。 ①　社会福祉事業について識見を有する者（同項第1号） ②　財務管理について識見を有する者（同項第2号）	・　会計監査人は，公認会計士又は監査法人でなければならない（法第45条の2第1項）。 ・　公認会計士法の規定により，計算書類について監査することができない者は，会計監査人となることができない（同条第3項）。
・　監事の選任・解任は，評議員会の決議による（法第45条の4第1項）。 ・　理事による，監事の選任に関する議案の評議員会への提出に対する監事の同意又は請求については，監事の過半数をもって決定する（法第43条第3項において準用する一般法人法第72条）。	ア　会計監査人の選任 ・　会計監査人は，評議員会の決議によって選任する（法第43条第1項）。 ・　理事が評議員会に提出する，会計監査人の選任及び解任並びに会計監査人を再任しないことに関する議案の内容は，監事の過半数をもって決定する（法第43条第3項において準用する一般法人法第73条第1項）。 イ　会計監査人の解任 ・　会計監査人が以下のいずれかに該当するときは，評議員会の決議によって，当該会計監査人を解任することができる（法第45条の4第2項）。 ①　職務上の義務に違反し，又は職務を怠ったとき。 ②　会計監査人としてふさわしくない非行があったとき。 ③　心身の故障のため，職務の執行に支障があり，又はこれに堪えないとき。 ・　理事が評議員会へ提出する会計監査人の解任に関する議案の内容は，監事の過半数をもって決定する（法第43条第3項において準用する一般法人法第73条第1項）。

任　期	・　選任後４年以内に終了する会計年度のうち最終のものに関する定時評議員会の終結まで（法第41条第１項）。 ・　定款で「４年」を「６年」まで伸長することが可能（同項ただし書）。 ・　定款によって，任期の満了前に退任した評議員の補欠として選任された評議員の任期を，退任した評議員の任期の満了する時までとすることは可能。	・　理事の任期は，選任後２年以内に終了する会計年度のうち最終のものに関する定時評議員会の終結の時まで（法第45条）。 ・　ただし，定款によって，その任期を短縮することも可能である。 ・　また，理事を再任することは差し支えなく，期間的な制限はない。
欠員が生じた場合の措置	・　平成29年４月１日以降，評議員に欠員が生じた場合には，任期の満了又は辞任により退任した評議員は，新たに選任された評議員が就任するまで，なお，評議員として権利の義務を有する（法第42条第１項）。 ・　また，評議員に欠員が生じ，事務が遅滞することにより損害を生ずるおそれがあるときは，所轄庁は利害関係人の請求により又は職権で，一時評議員の職務を行うべき者を選任することができる（法第42条第２項）。	・　平成29年４月１日以降，理事に欠員が生じた場合には，任期の議了又は辞任により退任した理事は，新たに選任された理事が就任するまで，なお，理事としての権利義務を有する（法第45条の６第１項）。 ・　また，理事に欠員が生じ，事務が遅滞することにより損害を生ずるおそれがあるときは，所轄庁は利害関係人の請求により又は職権で，一時理事の職務を行うべき者を選任することができる（法第45条の６第１項）。

（出所）　厚生労働省　社会福祉法人制度改革について（一部筆者修正）

	・ 監事は，上記①から③のいずれかに該当するときは，監事の全員の同意によって，当該会計監査人を解任することができる（法第45条の5第1項）。この場合，監事の互選によって定めた監事は，その旨及び解任の理由を解任後最初に招集される評議員会に報告しなければならない（法第45条の5第3項）。
・ 監事の任期は，選任後2年以内に終了する会計年度のうち最終のものに関する定時評議員会の終結の時まで（法第45条）。 ・ ただし，定款によって，その任期を短縮することも可能である。 ・ また，監事を再任することは差し支えなく，期間的な制限はない。	・ 会計監査人の任期は，選任後1年以内に終了する会計年度のうち最終のものに関する定時評議員会の終結の時まで（法第45条の3第1項）。 ・ 定時評議員会において別段の決議がされなかったときは，再任されたものとみなされる（第45条の3）。
理事と同様	・ 会計監査人に欠員が生じた場合において，遅滞なく会計監査人が選任されないときは，監事は，一時会計監査人の職務を行うべき者を選任しなければならない（法第45条の6第3項）。 ・ なお，法人の責めによらない理由（監査法人の倒産等）により，会計監査人による会計監査報告を所轄庁に届け出ることができない場合においては，所轄庁は届出の猶予等を行うことが必要。

Ⅱ　評議員会とは社会福祉法人の最高意思決定機関です

■ 評議員，評議員会とは

　評議員会は，すべての評議員で組織され，法人運営の基本ルール・体制を決定するとともに，役員の選任・解任などを通して法人運営を監督する最高意思決定機関です。

　役員の選任・解任権などを有するため絶対的な存在に見えますが，評議員会の決議事項は，法律に規定される事項と定款に定めた事項に限定されます。それ以外の事項の決定権はすべて理事会が有していますので，評議員会はあくまでも法人全体に大きな影響を及ぼす事項についてのみ議決権を有し，それ以外の事務上の意思決定は理事会以下で決定が可能となっています。

■ 評議員の員数と任期

　評議員の必要員数は，理事の員数を超える数とされています。理事は６名以上とされていますので，評議員は最低で７名以上必要になります。

　任期は，選任後４年以内に終了する会計年度のうち最終のものに関する定時評議員会の終結の時までとなりますが，定款に規定することにより６年まで延長することも可能です。

　評議員の選任・解任については，定款で定める方法によるものとされています。実務上は，評議員選任・解任委員会の決議によって行う方法が一般的です。

■ 評議員の資格等

　評議員は，社会福祉法人の適正な運営に必要な識見を有する者であることが求められます。また，評議員となることができない者は，次のとおりです。

> 【評議員の欠格事由】
> ① 法人
> ② 精神の機能の障害により職務を適正に執行するに当たって必要な認知，判断及び意思疎通を適切に行うことができない者
> ③ 生活保護法，児童福祉法，老人福祉法，身体障害者福祉法又は法の規定に違反して刑に処せられ，その執行を終わり，又は執行を受けることがなくなるまでの者
> ④ ③に該当する者を除くほか，禁固以上の刑に処せられ，その執行を終わり，又は執行を受けることがなくなるまでの者
> ⑤ 所轄庁の解散命令により解散を命ぜられた社会福祉法人の解散当時の役員

　また，当然のことながら，評議員は，理事及び監事の選任・解任を通じて，理事等の業務執行を監督する立場にあるため，自らが評議員を務める法人の理事，監事又は職員を兼ねることはできません。
　さらに，次に例示したような評議員や役員と特殊な関係にある者が，評議員になることはできません。

> 【評議員の特殊関係者】
> ① 各評議員又は各役員の配偶者又は三親等以内の親族
> ② 当該評議員又は役員と事実上婚姻関係と同様の事情にある者
> ③ 当該評議員又は役員に雇用されている者
> ④ ②，③に掲げる者以外の者であって，当該評議員又は役員から受ける

金銭その他の財産によって生計を維持しているもの

⑤ ③，④に掲げる者の配偶者

⑥ ②から④に掲げる者の三親等以内の親族であって，これらの者と生計を一にするもの

⑦ 当該評議員が役員（※）となっている他の同一の団体（社会福祉法人を除く。）の役員（※）又は職員（これらの役員（当該評議員を含む。）又は職員が当該社会福祉法人の評議員総数の３分の１を超えて含まれる場合に限る。）

　※　業務を執行する社員を含む。

⑧ 当該社会福祉法人の役員が役員（※）となっている他の同一の団体（社会福祉法人を除く。）の役員（※）又は職員（これらの役員又は職員が当該社会福祉法人の評議員総数の３分の１を超えて含まれる場合に限る。）

　※　業務を執行する社員を含む。

⑨ 支配している他の社会福祉法人の役員又は職員

　※　支配している他の社会福祉法人：当該社会福祉法人の役員又は評議員で，評議員の総数の過半数を占めている他の社会福祉法人。

⑩ 国の機関，地方公共団体，独立行政法人，国立大学法人又は大学共同利用機関法人，地方独立行政法人，特殊法人又は認可法人においてその職員（国会議員及び地方公共団体の議会の議員を除く。）である，評議員（これらの評議員が当該社会福祉法人の評議員総数の３分の１を超えて含まれる場合に限る。）

■ 評議員会の権限と義務

　評議員会は，すべての評議員で組織されます。評議員会は，社会福祉法に規定する事項と定款で定めた事項に限って決議をすることができます。

　毎会計年度の終了後一定の時期に定時評議員会を開催しなくてはなりません。もちろん，必要がある場合には，いつでも開催可能です。

```
【評議員会の主な権限】
　・　理事，監事，会計監査人の選任，解任
　・　定款の変更
　・　計算書類の承認
　・　社会福祉充実計画の承認
　・　合併の承認
　・　役員報酬の決定（定款に定めがない場合）
【義　務】
　・　善管注意義務
【責　任】
　・　損害賠償責任
```

■ 評議員会の決議と議事録

　評議員会の決議は，議決に加わることができる評議員の過半数（定款による引上げが可能）が出席し，その過半数（定款による引上げが可能）をもって行います。

　ただし，監事の解任など，一定の決議に関しては，評議員の3分の2以上（定款による引上げが可能）の決議が必要な場合があります。

　通常の評議員会の議事録には，次の事項を記載します。

【評議員会の議事録】

① 評議員会が開催された日時及び場所（当該場所に存しない評議員，理事，監事又は会計監査人が評議員会に出席した場合における当該出席の方法を含む。）

② 評議員会の議事の経過の要領及びその結果

③ 決議を要する事項について特別の利害関係を有する評議員があるときは，当該評議員の氏名

④ 次の意見又は発言があるときは，その意見又は発言の内容の概要

　イ　監事が，監事の選任若しくは解任又は辞任について意見を述べたとき＜会計監査人が，会計監査人の選任，解任若しくは不再任又は辞任について意見を述べたとき＞

　ロ　監事を辞任した者が，辞任後最初に招集された評議員会に出席して辞任した旨及びその理由を述べたとき＜会計監査人を辞任した又は解任された者が，辞任後又は解任後最初に招集された評議員会に出席して辞任した旨及びその理由又は解任についての意見を述べたとき＞

　ハ　監事が，理事が評議員会に提出しようとする議案，書類等について調査の結果，法令若しくは定款に違反し，又は著しく不当な事項があるものと認めて，評議員会に報告したとき

　ニ　監事が，監事の報酬等について意見を述べたとき

　ホ　計算書類及びその附属明細書について会計監査人が監事と意見を異にするため，定時評議員会において意見を述べたとき

　ヘ　会計監査人が出席要求に基づき定時評議員会に出席した意見を述べたとき

⑤ 評議員会に出席した評議員，理事，監事又は会計監査人の氏名又は名称

⑥ 評議員会に議長が存するときは，議長の氏名

⑦ 議事録の作成に係る職務を行った者の氏名

■ 評議員の選任・解任

　評議員の選任・解任は，定款に定める方法によって行われることになりますが，多くの法人が，評議員の選解任を，評議員選任・解任委員会によって行っているものと推測されます。評議員選任・解任委員会は，評議員の選任と解任を行う組織で，定員は定められていませんが，合議体であるため3名以上とすることが適当であるとされています。

　また，理事は評議員の選任・解任をできないとされていることから，理事が評議員選任・解任委員になることはできません。法人の監事と職員がなることは可能ですが，少なくとも外部委員1名を委員とすることが適当であるとされています。評議員選任・解任委員の選任は理事会において選任することが可能ですので，理事会にて委員の選任をしたい場合には，定款にその旨の規定をきちんと設けておくことが必要です。

　なお，評議員選任・解任委員会は，必要に応じてその都度設置するのではなく，常時設置することが適当であるとされています。

Ⅲ 理事，理事会及び理事長が法人の業務について決定します

■ 理事，理事会とは

　理事は会社法でいうところの取締役，理事会は取締役会，理事長は代表取締役と考えるとよいでしょう。社会福祉法人の業務の重要事項を理事会にて決定し，理事長が社会福祉法人を代表します。

　理事長は，法人の代表権を有するものと規定され，登記事項にもなっています。

　また，理事長は，３か月に１回以上（定款で毎会計年度に４か月を超える間隔で２回以上とすることが可能），自己の職務の執行の状況を理事会に報告しなければならないとされています。

　理事長以外にも業務を執行する理事として業務執行理事を置くことが可能になりましたが，業務執行理事の選定や実務における実質的な役割については，今後の実務の成熟を待つ必要がありそうです。

　なお，その他の理事については，理事会における議決権の行使等を通じて法人の業務執行の意思決定に参画するとともに，理事長等の業務の執行を監督する役割を担います。

■ 理事の員数と任期

　理事の必要員数は，６名以上とされています。任期は，選任後２年以内に終了する会計年度のうち最終のものに関する定時評議員会の終結の時までとなりますが，定款に規定することにより短縮することも可能となっています。

■ 理事の資格等

　理事には，社会福祉事業の経営に関する識見を有する者，当該社会福祉法人が行う事業の区域における福祉に関する実情に通じている者，当該社会福祉法人が施設を設置している場合にあっては当該施設の管理者，が含まれなければなりません。

　なお，理事の欠格事由は，評議員と同様です。

　また，理事には，理事本人を含め，その配偶者及び三親等以内の親族その他各理事と特殊の関係のある者が理事の総数の3分の1を超えて含まれてはならないとされています。理事の親族等特殊関係者の上限は3人です。

【特殊関係者】

① 当該理事と事実上婚姻関係と同様の事情にある者

② 当該理事に雇用されている者

③ ①，②に掲げる者以外の者であって，当該理事から受ける金銭その他の財産によって生計を維持しているもの

④ ②，③に掲げる者の配偶者

⑤ ①から③に掲げる者の三親等以内の親族であって，これらの者と生計を一にするもの

⑥ 当該理事が役員（※）となっている他の同一の団体（社会福祉法人を除く。）の役員又は職員（これらの役員又は職員が当該社会福祉法人の理事総数の3分の1を超えて含まれる場合に限る。）

　※　業務を執行する社員を含む。

⑦ 国の機関，地方公共団体，独立行政法人，国立大学法人又は大学共同利用機関法人，地方独立行政法人，特殊法人又は認可法人の同一の団体においてその職員（国会議員及び地方公共団体の議会の議員を除く。）である理事（これらの理事が当該社会福祉法人の理事総数の3

分の1を超えて含まれる場合に限る。）

■ 理事の義務と責任

理事の主な義務と責任は，次のとおりです。

> 【義　務】
> ・ 善管注意義務
> ・ 忠実義務
> ・ 利益相反取引の制限
> ・ 評議員会における説明義務
> ・ 監事に対する説明義務
>
> 【責　任】
> ・ 法人に対する損害賠償責任
> ・ 第三者に対する損害賠償責任
> ・ 特別背任罪，贈収賄罪の適用

　理事は善管注意義務及び忠実義務を負い，その結果として善管注意義務違反や忠実義務違反により生じた損害については，法人や第三者へ損害賠償責任を負うことになります。

■ 理事会の権限等

　理事会は，すべての理事で組織され，重要な業務執行の決定や理事の職務執行の監督を行います。また，理事長の選定及び解職を行います。
　理事会で決議される主な事項は，次のとおりで，これらの業務執行を理事に委任することはできません。

【理事会で決議すべき主な事項】

① 重要な財産の処分及び譲受

② 多額の借財

③ 重要な役割を担う職員の背人に及び解任

④ 従たる事務所その他の重要な組織の設置，変更及び廃止

　なお，次のような事項については，日常の業務として理事会が定めておけば理事長が専決することも可能です。

【日常の業務として理事会において定めることができる事例＝理事長により専決可能】

① 「施設長等の任免その他重要な人事」を除く職員の任免

② 職員の日常の労務管理・福利厚生に関すること

③ 設備資金の借入に係る契約であって予算の範囲内のもの

④ 債権の免除・効力の変更のうち，当該処分が法人に有利であると認められるもの，その他やむを得ない特別の理由があると認められるもの

　　※　ただし，法人運営に重大な影響があるものを除く。

⑤ 建設工事請負や物品納入等の契約のうち，日常的に消費する給食材料や消耗品等の日々の購入，施設設備の保守管理や物品の修理等，緊急を要する物品の購入等に関するもの

■ 理事会の決議と議事録

　理事会は，すべての理事で組織されます。理事会の決議は，議決に加わることができる理事の過半数（定款による引上げが可能）が出席し，その過半数（定款による引上げが可能）をもって行います。

　なお，理事会の決議の公正を期する必要があることから，決議について特別の利害関係を有する理事は議決に加わることはできません。

理事会の議事録には，次の内容を記載します。

【理事会議事録】

① 理事会が開催された日時及び場所（当該場所に存しない理事，監事又は会計監査人が理事会に出席した場合における当該出席の方法を含む。）

② 理事会が次に掲げるいずれかのものに該当するときは，その旨

　　イ　理事の請求を受けて招集されたもの

　　ロ　理事の請求があったにも関わらず所定の期間内に理事会が招集されないため，その請求をした理事が招集したもの

　　ハ　監事の請求を受けて招集されたもの

　　ニ　監事が招集したもの

　　※　理事長等の所定の招集権者が招集を行った場合には，②の記載は不要。

③ 理事会の議事の経過の要領及びその結果

④ 決議を要する事項について特別の利害関係を有する理事があるときは，当該理事の氏名

⑤ 次の意見又は発言があるときは，その意見又は発言の内容の概要

　　イ　競業及び利益相反取引の制限に係る取引についての報告

　　ロ　理事が不正の行為をしたと認められるとき等における監事の報告

　　ハ　理事会で述べられた監事の意見

⑥ 定款で議事録署名人を出席した理事長及び監事とする旨を定めているときは，理事長以外の理事であって，理事会に出席した者の氏名

⑦ 理事会に出席した会計監査人の氏名又は名称

⑧ 理事会の議長が存するときは，議長の氏名

■ 理事の選任・解任

理事の選任と解任は，評議員会において行われます。

Ⅳ　監事に要求されることとは？

■ 監事とは

　監事とは，法人の業務監督（業務監査）及び会計監査を行うことを職務としています。

　監事の職務は，理事の職務執行の監査及び法人の計算書類等の監査がメインになります。そして，この職務を適切に行うために，理事や職員に対する事業の報告要求，業務・財産の状況を調査する権利，理事会の招集請求をする権利，理事の行為の差し止め請求をする権利，会計監査人の解任権などが認められています。

■ 監事の員数と任期

　監事の必要員数は，2名以上とされています。任期は選任後2年以内に終了する会計年度のうち最終のものに関する定時評議員会の終結の時までとなりますが，定款に規定することにより短縮することも可能とされています。

■ 監事の資格等

　監事には，社会福祉事業について識見を有する者と財務管理について識見を有する者が含まれなければなりません。

　また，当該社会福祉法人の理事又は職員を兼ねることはできません。

　なお，監事についても，各役員の配偶者又は三親等以内の親族が含まれてはならないことに加え，各役員と特殊の関係がある者も含まれてはならないこと，

という制限があります。

【特殊関係者】
① 当該役員と事実上婚姻関係と同様の事情にある者
② 当該役員に雇用されている者
③ ①，②に掲げる者以外の者であって，当該役員から受ける金銭その他の財産によって生計を維持しているもの
④ ②，③に掲げる者の配偶者
⑤ ①から③に掲げる者の三親等以内の親族であって，これらの者と生計を一にするもの
⑥ 当該理事が役員（※）となっている他の同一の団体（社会福祉法人を除く。）の役員（※）又は職員（これらの役員又は職員が当該社会福祉法人の監事総数の3分の1を超えて含まれる場合に限る。）
　※　業務を執行する社員を含む。
⑦ 当該監事が役員となっている他の同一の団体（社会福祉法人を除く。）の役員又は職員（これらの役員（当該監事を含む。）又は職員が当該社会福祉法人の監事総数の3分の1を超えて含まれる場合に限る。）
⑧ 支配している他の社会福祉法人の理事又は職員
⑨ 国の機関，地方公共団体，独立行政法人，国立大学法人又は大学共同利用機関法人，地方独立行政法人，特殊法人又は認可法人においてその職員（国会議員及び地方公共団体の議会の議員を除く。）である監事（これらの監事が当該社会福祉法人の監事総数の3分の1を超えて含まれる場合に限る。）

■ 監事の義務と責任

監事も，理事と同様の義務と責任を負います。

【義　務】
- ・　善管注意義務
- ・　理事会への出席義務
- ・　理事会への報告義務
- ・　評議員会の議案等の調査・報告義務
- ・　評議員会における説明義務

【責　任】
- ・　法人に対する損害賠償責任
- ・　第三者に対する損害賠償責任
- ・　特別背任罪，贈収賄罪の適用

　評議員や理事と同様，監事も善管注意義務を負い，その結果として善管注意義務違反により生じた損害については，法人や第三者へ損害賠償責任を負うことになっています。

■ 業務監査とは

　監事は主に，次の事項について業務監査を行います。

(1) 規程の整備状況
(2) 役員，理事会，評議員会に関する事項
(3) 人事管理に関する事項
(4) 施設運営に関する事項
(5) 福祉サービスの向上に関する事項

(1)　規程の整備状況

　社会福祉法人は主に社会福祉法の制約を受けますが，従業員や職員を雇用して給与を支払うという意味では他の営利企業と変わりはありません。いうまでもなく，労働基準法等の制約も受けることになりますし，社会保険への加入な

ども必要です。

　業務監査の際には，必要な規程がきちんと整備されているかということがまず重要になります。社会福祉法人が整備しなければならない規程は，概ね次のとおりです。

① 定款

② 定款施行細則

③ 経理規程

④ 就業規則

⑤ 給与規程

⑥ その他必要となる規程

　⑥のその他必要となる規程については，法人ごとに異なりますが，次のようなものが考えられます。

○ 出張旅費規程

○ 人事評価規程

○ 寄附金規程　etc…

(2)　役員，理事会，評議員会に関する事項

　社会福祉法人の適正な経営という点で，理事などの役員及び理事会，評議員会といった機関が適切に機能しているかという点をチェックする必要があります。主なチェック事項は，次のとおりです。

① 理事会で議決しなければならない事項について適切に理事会に付され議決がなされているか。

② 理事会での議決はいわゆる「持ち回り」審議ではなく，理事らが一堂に会して適切に審議を行ったうえでなされているか。

③ 理事会の議事録は，適時，適切に作成されているか。

④ 役員の報酬については，勤務実態に照らして適正額となっているか（単に役員の地位であることのみによって高額な報酬が支払われていないか）。

(3)　人事管理に関する事項

　人事管理については，労働基準法等の法律・法令が順守されているかということはもちろんのこと，適正経営という点で，職員が働きやすい現場作りができているかという観点から見ていくことが重要となります。主なチェック事項は，次のとおりです。

① 施設長等の重要な職員の任免については，理事会の議決を経て行っているか。

② 職員との間で３６協定を適切に締結し，必要事項を労働基準監督署に届け出ているか。

③ 宿日直勤務について労働基準監督署への届出及び許可をとっているか。

④ 退職金制度及び福利厚生の充実，及び給与水準の改訂等を通して，職員が長く働ける職場を提供しているか。

⑤ 短期間に多数の退職者が出ていないか。

(4)　施設運営に関する事項

　法人の経営する福祉施設等の運営が安全に安定して行われているかについても，業務監査の範疇に含まれます。施設内でのさまざまなトラブルから今後重大な問題に発展しそうなものを見つけ出し，事前に改善策を提示することも福祉施設についての知識が豊富な監事の重要な役割といえます。施設運営に関しての主なチェック事項は，次のとおりです。

① 施設の定員は，守られているか。

② 地震，火災，津波等の災害が起きた場合の避難経路，避難指示系統等は，確立されているか。

③ 施設内でのインフルエンザ，ノロウィルス等の感染症対策は，行われているか。

④ 職員は，施設の実態にあった人数を過不足なく配置しているか。

⑤ 施設の耐震化等，各設備の維持管理，更新は，必要なときに適時に行われているか。

(5) 福祉サービスの向上に関する事項

　社会福祉法人の経営が適切に行われているかというのは，時として施設利用者からの評価の善し悪しという点で測れる部分があります。そのため，監事は施設利用者からの声についても耳を傾けておく必要があります。監査時の主なチェック事項は，次のとおりです。

① 利用者からの多数の苦情が出ていないか。

② 利用者に対して，苦情受付窓口の存在を周知徹底し，苦情の申出をしやすい環境作りを行っているか。

③ 出てきた苦情に対して，施設長等の責任者は適切な改善策を講じているか。

④ 受け付けた苦情は，すべて適切に記録されているか（苦情の隠蔽が行われていないか）。

■ 会計監査とは

　監事が会計監査でチェックすべきことは大きく分けると，次のとおりとなります。

(1) 計算書類等の作成状況のチェック

(2) 計算書類等のチェック

(3) 有価証券，固定資産等の実在性のチェック

(1) 計算書類等の作成状況のチェック

　社会福祉法人が作成する必要のある計算書類等は，①資金収支計算書，②事業活動計算書，③貸借対照表，④財産目録，⑤附属明細書となっています。まずは，会計監査時に必要な計算書類等が漏れなく作成されているかを確かめる必要があります。なお，⑤附属明細書については，その種類が多岐に渡るため，漏れがないかに注意が必要です。

(2)　計算書類等のチェック

　計算書類等が適正に作成されているかを検証するために必要な代表的な検証方法は，次のとおりです。

　① 予算との比較，前年度との比較

　② 各計算書類間の整合性のチェック

　③ 外部証憑との突合

①　予算との比較，前年度との比較

　社会福祉法人の事業は予算をもとに遂行されていくため，決算数値は概ね予算数値と近似値になります。そのため，決算数値と予算数値を比較し，大幅な差異が生じている場合には，決算数値のどこかに誤りがある可能性があります。予算時には想定されていなかった原因により，決算数値と予算数値が大きく乖離することがないわけではありませんが，大きな差異が生じている場合には，説明可能で合理的な差異であることを確かめる必要があります。

　また，これは前年度との比較についても同様です。社会福祉法人は，基本的に同じ事業を毎期行っていますので，経営環境に大きな変化がなければ，前年度と同程度の金額が当期も計上されることになります。そのため，当期の決算数値が前年度と比べて大きく増減しているような場合には，当期の決算数値のどこかに誤りがある可能性が高くなります。

　もちろん，予算や前年度数値との比較だけですべての間違いを見つけることはできませんが，計算書類全体から眺めて異常な点を洗い出すことに関しては，非常に効果的な手続となります。

②　各計算書類間の整合性のチェック

　計算書類等に含まれる各書類は，それぞれ切っても切り離せない関係にあります。各書類間の数字を足し引きすることで計算書類等全体として適切な作成がなされているかを検証することができるようになっています。以下の関係が1つでも成り立っていない場合には，計算書類等に誤りがあることになります。

資金収支計算書		貸借対照表
「当期支払資金残高」	=	「流動資産」－「流動負債」※

※　引当金等の調整必要。

事業活動計算書		貸借対照表
「次期繰越活動増減差額」	=	「次期繰越活動増減差額」
「その他の積立金積立額」－「その他の積立金取崩額」	=	「その他の積立金」の増減
「基本金組入額（特定収支の部）」＋「基本金組入額（繰越活動増減差額の部）」－「基本金取崩額（繰越活動増減差額の部）」	=	「基本金」の増減
「当期活動増減差額」	=	「（うち当期繰越活動増減差額）」

③　外部証憑との突合

　社会福祉法人が保有する預金，借入金，株式等の有価証券等については，銀行や証券会社の発行する「残高証明書」に記載される残高と計算書類等に計上されている残高が一致していることを確認する必要があります。銀行等，外部の金融機関が発行する残高証明書に記載されている残高と計算書類等に計上されている残高が一致していれば，基本的に計上は適切であると判断できます。

(3)　有価証券，固定資産等の実在性のチェック

　監事が法人の財産を直接確かめる方法として，「実査」は重要です。実査を行う対象としては，次のものがあげられます。

① 現金
② 預金通帳
③ 有価証券
④ 棚卸資産／固定資産

①　現金の実査

　現金の実査とは，事業年度の末日（3月31日）に実際に法人に保管されている現金を数え，貸借対照表に計上されている金額と，監事が実際に数えた金額が一致していることを確認する手続です。必ずしも3月31日に行う必要はありませんが，4月以降に実施する場合には，期末日から実査日までの現金の出入りについても別途検証を行う必要があります。

②　預金通帳の実査

　期末日時点で法人が保有している預金口座の通帳が，法人内に保管されていることを確認する手続です。預金が担保に入れられていたりすると，預金通帳が銀行等に預け入れられていることがあります。

　また，知らぬ間に預金の名義が書き換えられていることも考えられますので，期末日において預金通帳がすべて法人内の金庫等に適切に保管されているか，名義はすべて法人名義になっているかを確認する必要があります。

③　有価証券

　預金通帳と同様に，期末日時点で保有する有価証券が適切に法人内に保管されているか（銀行等に担保に取られていないか），名義が法人名義になっているか（不適切な名義書換が行われていないか）を確認する手続です。

④　棚卸資産／固定資産

　法人の行う棚卸に立ち会い，期末日時点に保有する棚卸資産や固定資産が実際に存在するかを確認する手続です。棚卸にただ立ち会うだけでなく，監事自らが現物をカウントして，法人担当者がカウントした結果と監事がカウントした結果が一致していることを確認することで，より有効な手続となります。

■ 監事の選任・解任

　監事の選任と解任は，評議員会において行われます。

V　会計監査人

■　会計監査人とは

　一定の規模を超える社会福祉法人は，会計監査人による監査を受けることが義務付けられています。

　会計監査人とは，公認会計士又は監査法人を意味します。社会福祉法人が作成する計算関係書類を対象として，外部の独立した第三者としての会計監査人が監査を行い，計算関係書類の適正性について保証を与えるものです。

　計算関係書類とは，法人単位の計算書類とその附属明細書，内訳表，事業区分別の内訳表，拠点区分別の内訳表を意味しており，会計監査人の監査対象となるのは，法人単位の計算書類（法人全体についての注記を含む）とそれらに対応する附属明細書の項目です。

　会計監査人の設置が義務付けられる法人は，前年度の決算における法人単位事業活動計算書中の「サービス活動増減の部」の「サービス活動収益計」が30億円を超える法人，又は法人単位貸借対照表の「負債の部」の「負債の部合計」が60億円を超える法人です。この条件に当てはまる法人を特定社会福祉法人といいます。

　これにより，財務情報の信頼性の情報やガバナンスの強化はもとより，業務の効率化や効率的な経営の実現にも資すると考えられています。ちなみに，法律上義務付けられている法人以外でも，定款の規定により会計監査人を設置することが可能です。

　会計監査人は，評議員会によって選任されます。また，一定の事由に該当する場合には，評議員会によって解任することもできます。

　任期は，選任後1年以内に終了する会計年度のうち最終のものに関する定時

評議員会の終結の時までとなりますが，評議員会で別段の決議がなされなければ再任されたものとみなされます。

　今後，収益が20億円を超える法人または負債が40億円を超える法人に対する会計監査の義務付けが検討されているものの，具体的なスケジュールは未定となっています。

■　会計監査人の選任基準

　評議員会は，会計監査人の選任を行うことになりますが，次のような選任基準を作成し，複数の候補者から比較検討のうえ，選任することが求められています。

【会計監査人選定基準のイメージ】

（基準制定の目的）

第1条　この会計監査人選定基準は，社会福祉法人○○会（以下，「法人」という。）が複数の会計監査人候補者（以下，「候補者」という。）から提案書等を入手した際の候補者選定の基準を定めるものとする。

（選定基準項目）

第2条　次の各号に掲げる事項に対する評価を行うものとする。

　　一　監査の実施体制等に対する評価

　　二　監査に要する費用に対する評価

　　三　監査の実績等に対する評価

　　四　監査の品質管理体制に対する評価

　2　前項第1号に規定する評価については，次の各号に掲げる項目によるものとする。

　　一　当該法人に対する監査の基本方針及び考え方（着眼点や重点項目）

　　二　主要な監査手続及び監査要点

　　三　法人本部及び施設等を監査するチーム体制

四　監査スケジュール

　　五　監査の責任者及び担当者の経歴及び実務経験等

　　六　監査の指導的機能に対する考え方

　　七　監査のサポート体制

　　八　監事，内部監査担当部門との連携に関する考え方

　3　第1項第2号に規定する評価については，次の各号に掲げる項目に
　　よるものとする。

　　一　監査報酬見積費用総額（見積り及び積算の方法を含む。）

　　二　監査日程（日数）の大幅な変更が生じたときの処理方法

　4　第1項第3号に規定する評価については，次の各号に掲げる項目に
　　よるものとする。

　　一　監査実績

　　二　社会福祉法人に対する監査実績，非監査実績（会計指導，経営支
　　　援等）

　　三　公益社団・財団法人，一般社団・財団法人に対する監査実績，非
　　　監査実績（会計指導，経営支援等）

　　四　当該法人が実施している事業と類似の事業を実施している組織の
　　　監査実績，非監査実績（会計指導，経営支援等）

　　五　日本公認会計士協会又は公的機関における社会福祉法人制度に関
　　　係する部会等への関与実績

　5　第1項第4号に規定する評価については，次の各号に掲げる項目に
　　よるものとする。

　　一　品質管理の体制（日本公認会計士協会の定める監査の品質管理に
　　　関する指針等に即した品質管理を行っているかなどを評価）

　　二　会計監査人候補者に関して公認会計士法に基づく処分がある場合
　　　は，その内容とこれに対して取った措置（過去〇年間）

Ⅵ　評議員，理事，監事及び会計監査人の報酬

■ 評議員，理事，監事及び会計監査人の報酬

(1)　評議員の報酬

　評議員の報酬等（報酬，賞与その他の職務遂行の対価として受ける財産上の利益及び退職手当をいう。以下同じ。）は，定款で定めなければなりません。無報酬の場合には，その旨を定めることになります。

(2)　理事の報酬

　理事の報酬等の額は，定款にその額を定めていないときは，評議員会の決議によって定めることとなります。

(3)　監事の報酬

　監事の報酬等の額は，定款にその額を定めていないときは，評議員会の決議によって定めることになります。定款又は評議員会の決議によって監事の報酬総額のみが決定されているときは，その具体的な配分は，監事の協議（全員一致の決定）によって定めることになります。

　なお，監事は，その適正な報酬を確保するため，評議員会において，監事の報酬等について意見を述べることができます。

　無報酬の場合には，その旨を定めることになります。

(4)　会計監査人の報酬

　会計監査人の職務を行うべき者の報酬等を定める場合には，監事の過半数の同意を得なければなりません。

■ 理事，監事及び評議員に対する報酬支給基準

　理事，監事及び評議員に対する報酬等について，厚生労働省令で定めるところにより，民間事業者の役員の報酬等及び従業員の給与，当該社会福祉法人の経理の状況その他の事情を考慮して，不当に高額なものとならないような支給の基準を定めなければならないことになっています。

　この報酬等の支給の基準は，評議員会の承認を受けるとともに公表しなければなりません。

【支給基準として定める事項】

① 役員等の勤務形態に応じた報酬等の区分

　・ 常勤・非常勤別に報酬を定めること。

② 報酬等の金額の算定方法

　・ 報酬等の算定の基礎となる額，役職，在職年数など，どのような過程を経てその額が算定されたか，法人として説明責任を果たすことができる基準を設定すること。

　・ 評議員会が役職に応じた１人当たりの上限額を定めた上で，各理事の具体的な報酬金額については理事会が，監事や評議員については評議員会が決定するといった規定は，許容される（国等他団体の俸給表等を準用している場合，準用する給与規程（該当部分の抜粋も可）を支給基準の別紙と位置づけ，支給基準と一体のものとして所轄庁に提出すること。）。

　・ 評議員会の決議によって定められた総額の範囲内において決定するという規定や，単に職員給与規程に定める職員の支給基準に準じて支給するというだけの規定は，どのような算定過程から具体的な報酬額が決定されるのかを第三者が理解することは困難であり，法人として説明責任を果たすことができないため，認められ

ない。

- ・ 退職慰労金については，退職時の月例報酬に在職年数に応じた支給率を乗じて算出した額を上限に各理事については理事会が，監事や評議員については評議員会が決定するという方法も許容される。

③ 支給の方法

- ・ 支給の方法とは，支給の時期（毎月か出席の都度か，各月又は各年のいつ頃か）や支給の手段（銀行振込みか現金支給か）等をいう。

④ 支給の形態

- ・ 支給の形態とは，現金・現物の別等をいう。ただし，「現金」「通貨」といった明示的な記載がなくとも，報酬額につき金額の記載しかないなど金銭支給であることが客観的に明らかな場合は，「現金」等の記載は特段なくても差し支えない。

無報酬とする場合には，その旨役員等報酬基準に定めることになります。

なお，理事，監事及び評議員の区分ごとの報酬等の総額（職員としての給与も含む。）については，現況報告書に記載の上，公表することとなっています。

Ⅶ　法人本部とは「管理部門」です

■ 法人本部の役割

　社会福祉法人の具体的な運営に関する重要な意思決定は，理事会の多数決によって行われ，決定された事項は，その決定どおりに執行されることになります。たとえば，施設長の選任という意思決定を行った場合には，その後，施設長の雇用手続に移ることになります。

　しかし，理事は通常，施設の日常的な運営を担っているわけではありません。つまり，理事が施設長の雇用手続（書類の作成等）まで行うということは期待されていません。

　法人の実務を具体的に遂行するのが，法人本部と呼ばれる部署になります。法人本部は，役員とは異なりますが，社会福祉法人の意思決定の執行機能を持ち，実働部隊としての役割を担っていますので，触れておきます。

■ 法人本部の具体的な活動

　法人本部とは，経理・人事・総務部にあたります。経理・人事・総務部などを，まとめて管理部門と呼ぶこともあります。法人本部の具体的な活動は，次のようなものになります。

【法人本部の活動】
　○　理事会の日程調整，議事録の作成
　○　施設別の収支の把握や経営分析，資金繰り管理
　○　施設内での事故等に対するリスク管理

○ 施設の維持・更新計画の策定・管理

○ 施設職員や地方自治体からの連絡窓口

○ 採用，給与計算，職員教育等の人事管理

■ 法人本部の問題点

　社会福祉法人において，法律上，法人本部という正式な機関は存在せず，各法人がその必要性から自主的に設置する部署ということになります。しかしながら，現在の社会福祉法人の収入の大半を占める介護報酬や補助金については，法人本部の人件費部分は想定されていないため，収入の少ない小規模法人では，専任の法人本部職員を雇用することができず，理事長や施設長等が兼任しているところも多く見られます。

　法人本部に求められる機能は，社会福祉法人の適正経営になくてはならないものです。法人本部は，収入を生む部署ではありませんが，内部統制を支えているという点など，その重要性について理解しておく必要があります。

　また，社会福祉法人が専任の法人本部職員を雇用できるようするため，介護報酬制度や補助金制度等について考える必要もあるということを付け加えておきます。

社会福祉法の改正

2017年に社会福祉法の大きな改正があり，社会福祉法人の経営にあたってさまざまな点の見直しが行われました。これまで大きな改正が行われずに来た社会福祉法も，やはり時代の変化とともに改正の議論が巻き起こったこと自体は当然の流れだと思います。

それと同時に思うことは，「ここまで何十年と大きな改正が行われなかったこと」のすごさです。株式会社などを規制する「会社法」（旧商法）は，たびたび起きる不正やガバナンスの低下による非違事例などで，これまで目まぐるしいほど改正が行われてきました。そして，今後もそれは変わらないと思います。

しかし，社会福祉法については，それまで大きな改正が行われたことはありません。これは，ひとえに社会福祉法人の経営者や勤務するスタッフの方々などの「福祉という仕事に対する意識の高さ」の表れなのではないかと思います。

お金儲けではなく，「社会のため」というそれぞれの気持ちがたとえ法律が時代に合わなくなってきても，高いモラルを持った方々の「自主努力」や「自主規制」により大きな問題を起こさせなかったのではないか，そんな風に思えて仕方ありません。

社会福祉法の改正に伴い，形式的な面の負担も増えるのは事実ですが，改正の趣旨を踏まえた上で，これまで福祉の分野に力を注いでくださった方々の思いを受け継いで経営をしていけば，きっとより良い法人運営ができるものと確信しています。

第3章

社会福祉法人と資金繰り

I　寄附と借入には附属明細書がつきものです

■ 資金繰りの必要性

　社会福祉法人は，社会福祉の充実のために国や地方自治体の監督のもとに設立される法人です。社会福祉事業に関して法人税が課せられないなど，営利を目的とした株式会社などとは異なります。

　しかし，運営のためにお金がかかることは，他の法人と同じです。社会福祉法人は，特別養護老人ホームなどの施設運営をすることになりますので，

　① 設立のための資金

　② 施設のランニングコスト

が必要になります。

　しかも①は，広大な土地の取得や建物の建設が必要になるなど，非常に多額になる傾向があります。

　また②は，施設を維持するための人件費や水道光熱費など，固定費の占める部分が大きくなります。

　さらに，施設の修繕や老朽化に対応するためにも，一定水準以上のサービスを提供できるような設備を整えるためにも，何かとお金が必要になるものです。

　そのため，安定した施設運営のためには，①や②を賄うための資金を獲得する必要があり，資金繰りについて考えることが大切になります。

　①の資金を賄うためには，補助金や寄附金，公的な融資を利用することになるでしょう。

　また②については，介護報酬など，サービスを提供して得た対価により賄っていかなくてはなりません。

　さらに，月々の収入から借入の返済資金や修繕資金などを捻出しなくてはな

りませんから，10年先，20年先まで見据えて，収支がどうなるかを予測しておくことが大切です。

■ 資金繰りを考えるうえで大切なこと

　資金繰りを考えるということは，収支について予測をし，資金不足に陥らないようにやりくりすることです。資金繰りを考えるうえでまず大切になるのは，いつ，いくらの支出があるのかをできるだけ正確に予測することです。これがわからなければ，いつ，いくらの資金を用意すればよいのかもわかりません。

　とはいえ，将来のことですから，1円も違わずに予測することはできません。そのため，

　「こういう支出もあるかもしれない」

と，想像以上にお金がかかるだろうという前提で予測するようにしてください。もちろん，無駄遣いをしてよいということではありません。実際の支出は，常に節約の意識を持ってできるだけ少なくなるよう気を付けるくらいでちょうどよいでしょう。

　同様に，将来の収入についても予測するわけですが，これは支出の予測以上に難しいものです。支出は，コントロールの余地もありますが，社会福祉法人の収入はコントロールの余地がほとんどないからです。

　補助金や寄附金は，必要なときに必ず受け取れるとは限りませんし，介護報酬の額などは法律で決まっているので努力しても努力した分だけ増えるわけではありません。

　実際には，

　「入ってくると考えていた収入が入ってこなくなること」

がありえます。そうした事態を想定しておかないと，一気に資金不足に陥り，施設運営が立ち行かなくなる可能性もあります。

　そのため，支出は多めに，収入は厳しめに見積もり，一時的な資金不足を賄う方法についても考えておくことが重要です。一時的な資金不足を賄う方法に

は，借入があります。役員や関係者からの借入，銀行からの借入など，どのような手段がありうるかを，常に把握しておきましょう。

■ 寄附収入と資金繰り

　社会福祉法人の収入源の１つに，寄附収入があります。地域社会の方々や企業等が法人に寄附をしてくれる場合などが，これにあたります。

　寄附ですので，返済の必要性はありません。施設の運営のためには，ありがたい資金といえるでしょう。

　とはいえ，寄附はあくまでも，寄附をしてくれる方の善意に基づくものですから，いつ，いくら受け取れることができるかはわかりません。寄附をアテにするようでは危険です。寄附収入については，基本的に「ないもの」と考えておきましょう。

■ 寄附を受けたときに作成する附属明細書

　寄附を受けたときには，右のような寄附金収益明細書を作成し，計算書類に添付することになります。

【寄附金収益明細書】

寄附金収益明細書

（自）令和×1年4月1日　（至）令和×2年3月31日

社会福祉法人名　　社会福祉法人　○○会

（単位：円）

寄附者の属性	区分	件数	寄附金額	うち基本金組入額	寄附金額の経理区分ごとの内訳		
					○○拠点	△△拠点	××拠点
利用者の家族	経常	3	300,000	−	100,000	−	200,000
区分小計		3	300,000	−	100,000	−	200,000
法人の役職員	償還	1	10,000,000	10,000,000	−	10,000,000	−
区分小計		1	10,000,000	10,000,000	−	10,000,000	−
区分小計							
合計		4	10,300,000	10,000,000	100,000	10,000,000	200,000

（注）1．寄附者の属性の内容は，法人の役職員，利用者本人，利用者の家族，取引業者，その他とする。

　　　2．「寄附金額」欄には寄附物品を含めるものとする。「区分欄」には，経常経費寄附金収益の場合は「経常」，長期運営資金借入金元金償還寄附金収益の場合は「運営」，施設整備等寄附金収益の場合は「施設」，設備資金借入金元金償還寄附金収益の場合は「償還」，固定資産受贈額の場合は「固定」と，寄附金の種類がわかるように配入すること。

　　　3．「寄附金額」の「区分小計」欄は事業活動計算書の勘定科目の金額と一致するものとする。また，「寄附金額の拠点区分ごとの内訳」の「区分小計」欄は，拠点区分事業活動計算書の勘定科目の金額と原則として一致するものとする。

決算のときには，この表が必要です。寄附を受ける際には，寄附をしてくだ
さる方や企業に次のような寄附申込書を作成していただき，寄附とともに受け
取っておくようにしましょう。

寄 附 申 込 書

令和△△年5月30日

社会福祉法人（法人名　社会福祉法人　○○会）
　理 事 長（氏 名　田中　一郎）様

寄附者（住所　東京都××区××町×－×）

（氏名　鈴木　太郎　　　印）

私は，このたび貴法人（施設）に対し次のとおり寄附を申し込みます。

1　寄附年月日　　　　令和△△年5月30日
2　寄附目的
　　①　法人のために使用してください。
　　②　施設利用者（児）のために使用してください。
　　（施設名　　　　　　　　　　　　　　　　　）
　　③　使用目的は，法人に一任します。
　　④　その他（具体的目的）

　　　_____

　　　_____

3　金　　額　　　　　　　　____50,000__　円
4　品　　名　　　　　_____

■ 借入金と資金繰り

　社会福祉法人の保有する施設の更新工事時などには，国及び地方自治体から補助金を受け取れることもあります。負担割合は補助金の種類にもよりますが，国が1/2，地方自治体が1/4，法人負担が1/4というのが多いようです。

　法人負担分について，自前で資金が用意できない場合には，借入によって賄うことになるでしょう。

　ただし，寄附金は返済する必要のない資金であるのに対し，借入金は返済しなければならなりません。つまり，借入をすれば，返済スケジュールどおりに返済していく必要があります。そのため，返済できるかどうか，資金繰りを考える必要があります。

　借入についての資金繰りを考えるうえでは，借入を行って実行した設備投資などの投資により，きちんと元が取れるようなものになるのかどうかという見極めが非常に重要です。

■ 借入を行った時に作成する附属明細書

　借入を行った時には，借入金明細書という附属明細書を作成し，計算書類に添付することになります。寄附については，当期に受けた寄附のみが記載対象となりますが，借入金明細書は期末時点で残高が残っている借入金が対象です。

　そのため，一度借入を行ったら，返済が終了するまで，毎期返済額や利息の金額等を借入ごとに把握できるようにしておかなければならないため，期中における返済時や利息の支払時ごとに各借入について，金額を集計しておくようにしましょう。

【借入金明細書】

<u>借入金</u>

（自）令和×1年4月1日

社会福祉法人名　　社会福祉法人　○○会

区分	借入先	拠点区分	期首残高 ①	当期借入金 ②	当期償還額 ③	差引期末残高 ④=①+②-③ （うち1年以内償還予定額）	元金償還 補助金	利率 %
設備資金借入金	A銀行	B施設	0	5,000,000	1,200,000	3,800,000 (1,200,000)	0	1.30
						( )		
						( )		
						( )		
						( )		
	計		0	5,000,000	1,200,000	3,800,000 (1,200,000)	0	－
長期運営資金借入金	C銀行	本部	30,000,000	0	5,000,000	25,000,000 (5,000,000)	0	1.50
						( )		
						( )		
						( )		
						( )		
	計		30,000,000	0	5,000,000	25,000,000 (5,000,000)	0	－
短期運営資金借入金								
	計							
	合計		30,000,000	5,000,000	6,200,000	28,800,000 (6,200,000)	0	－

（注）　役員等からの長期借入金，短期借入金がある場合には，区分を新設するものとする。

明細書

（至）令和×2年3月31日

（単位：円）

支払利息		返済期限	使途	担保資産		
当期支出額	利息補助金収入			種類	地番または内容	帳簿価額
57,200	−	令和○年○月	B施設改修	建物附属設備	給湯設備	5,500,000
57,200	−					5,500,000
412,500	−	令和△年△月	運転資金	−	−	−
412,500	−			−	−	−
469,700	−					5,500,000

Ⅱ　資金繰り表は作るものではなく使うものです

■　資金繰り表を作るうえでの基本的な考え方

　資金繰りとは，将来の収入と支出を予測し，資金不足に陥らないようにやりくりすることです。その資金繰りの計画表を資金繰り表といいます。資金繰りのために，資金繰り表の作成をおすすめします。

　資金繰り表は，以下の手順で作成していくとよいでしょう。

STEP 1　収支項目の洗い出し

　まず，毎月の収入や支出としてどのような内容があるのかを洗い出します。

　たとえば，特別養護老人ホームを運営しているのであれば，介護報酬が毎月の主な収入となるでしょう。一方，毎月の支出は，人件費や水道光熱費など，運営費用があるでしょう。

STEP 2　取引条件の確認

　次に，入金・出金を伴う取引について，入金のタイミングと出金のタイミングを確認します。入金であれば，

　　○　介護報酬（利用者負担分）

　　　　⇒　当月分当月末引落

　　○　介護報酬（国民健康保険連合会負担分）

　　　　⇒　当月分翌月初請求，翌々月末入金

という具合です。出金であれば，

　　○　職員の残業代

　　　　⇒　当月分翌月25日払い

○　介護施設の電気代

⇒　当月分翌月引落

という具合です。法人にとって大きな入出金から順に確認してください。そして，この段階でどこまで小さな金額の取引まで確認するかが，資金繰り表の精度を決めることになります。

STEP 3　投資や財務にかかる収支を予測する

そして，投資や財務にかかる収支を予測します。投資にかかる収支とは，法人が保有する有価証券の利払日や満期償還日，固定資産の購入を計画している場合があれば，その固定資産の代金の支払日を洗い出します。

財務にかかる収支とは，借入金の借入（収入）と返済（支出）についての予測です。借入を行うことが計画されていれば，その借入がいつ実行されるか，また，すでに借入を行っており，返済スケジュールが決まっているのであれば，その返済スケジュールを確認します。

STEP 4　イレギュラーな収支を予測する

さらに，イレギュラーな収支も可能な範囲で予測し，織り込んでおきます。

イレギュラーな収支とは主に，次のものがあげられます。

○　職員の退職金の支払い

○　補助金の入金

○　災害などによる施設の破損の修繕代金の支払い

○　各種保険金の入金

○　施設内での事故等による損害賠償金　etc…

STEP 5　資金繰り表へ記入を行う

最後に，STEP 1からSTEP 4をもとに資金繰り表に記入を行います。資金繰り表の作り方に決まりはありませんが，一例を示しておきます。

なお，資金繰り表を作ることが目的ではなく，あくまでも，表によって収支を把握し，資金繰りを適切にすることが目的です。資金繰り表を正確に作ることばかりに時間をとられることのないように，注意してください。

令和××年度　上半期　資金繰り表

（単位：万円）

		4月	5月	6月	7月	8月	9月	上半期計
	前月末残高	5,000	5,480	6,065	6,225	6,282	6,685	5,000
経常的な収入（Ⅰ）								
	介護報酬（利用者負担分）	400	410	390	395	405	420	2,420
	介護報酬（国保連負担分）	4,000	4,100	3,900	3,950	4,050	4,200	24,200
	その他収入	20	10	5	15	30	18	98
	合計	4,420	4,520	4,295	4,360	4,485	4,638	26,718
経常的な支出（Ⅱ）								
	施設物品仕入代	2,000	1,980	2,200	2,150	2,100	2,170	12,600
	職員給与	1,500	1,510	1,490	1,495	1,505	1,495	8,995
	社会保険料	195	196	194	194	196	194	1,169
	水道光熱費	100	102	101	120	140	125	688
	賃借料	50	50	50	50	50	50	300
	消耗品費	20	22	25	19	16	23	125
	合計	3,865	3,860	4,060	4,028	4,007	4,057	23,877
投資・財務収入（Ⅲ）								
	投資有価証券　利息収入	5	5	5	5	5	5	30
	投資有価証券　満期償還	0	0	0	0	0	1,000	1,000
	運転資金借入	0	0	0	0	0	0	0
	設備資金借入	0	0	0	0	0	0	0
	合計	5	5	5	5	5	1,005	1,030
投資・財務支出（Ⅳ）								
	投資有価証券　購入	0	0	0	0	0	0	0
	運転資金借入　返済	30	30	30	30	30	30	180
	設備資金借入　返済	50	50	50	50	50	50	300
	合計	80	80	80	80	80	80	480
その他の収入（Ⅴ）								
	設備補助金	0	0	0	0	0	0	0
その他の支出（Ⅵ）								
	職員退職金	0	0	0	200	0	0	200
資金収支								
	当月増加（減少）額	480	585	160	57	403	1,506	3,191
	当月末残高	5,480	6,065	6,225	6,282	6,685	8,191	8,191

Ⅲ　資金調達の方法

■ 社会福祉法人の資金調達の現状

　社会福祉法人の資金調達の方法としては，大まかに補助金の受給による調達，独立行政法人福祉医療機構からの福祉貸付による調達，民間金融機関からの借入による調達，その他の助成金，寄付等による調達が挙げられます。

　社会福祉法人が受け取れる補助金は，厚生労働省が所管の「社会福祉施設整備補助金」が有名ですが，その他に国土交通省が所管するものや地方自治体が独自に定めるものもあります。

　補助金の次に社会福祉法人の資金調達を支えているのは，独立行政法人福祉医療機構からの福祉貸付による借入です。これについては，設備投資などを行う際に，補助金では賄い切れない資金の調達手段として利用されています。

　また，民間の金融機関からの借入については，近年超低金利時代が続いている影響で，利率などの借り入れ条件が独立行政法人福祉医療機構と遜色ない，又は福祉医療機構よりも良い条件を出す銀行も出てきており，資金調達先としての重要度が増してきました。この影響で，社会福祉法人は福祉医療機構から資金を借りるものと決めつけず，地場の銀行との付き合いを大切にしていくことが重要になってきました。

　その他の各種助成金や寄付による調達については，国や地方公共団体が行っているものから民間の団体が行っているものまで，多種多様なものが存在します。一つ一つの助成額が数十万円から数百万円と少額なものが多いため，大きな調達は見込めませんが，活用できる助成を漏れなく活用するという姿勢で検討してみると良いと思います。

郵 便 は が き

料金受取人払郵便

落合局承認
4302

差出有効期間
2022年8月31日
（期限後は切手を
おはりください）

１６１－８７８０

東京都新宿区下落合2-5-13

㈱ 税務経理協会

社長室行

|||ı|ı|||||ı|||ıı|||ıı·ı·ıı|·|ı|·|·|ı|ı|ı|ı|·ı·ıı||

お名前	フリガナ				性別	男 ・ 女
					年齢	歳

ご住所	□□□-□□□□ □	TEL （ ）

E-mail	

ご職業	1．会社経営者・役員　2．会社員　3．教員　4．公務員 5．自営業　6．自由業　7．学生　8．主婦　9．無職 10．公認会計士　11．税理士　12．行政書士　13．弁護士 14．社労士　15．その他（　　　　　　　　　　）

ご勤務先・学校名	

部署		役職	

ご記入の感想等は，匿名で書籍のＰＲ等に使用させていただくことがございます。
使用許可をいただけない場合は，右の□内にレをご記入ください。　　　　□許可しない

ご購入ありがとうございました。ぜひ、ご意見・ご感想などをお聞かせください。
また、正誤表やリコール情報等をお送りさせて頂く場合もございますので、
E-mail アドレスとご購入書名をご記入ください。

この本の タイトル	

Q1　お買い上げ日　　　　年　　　　月　　　　日
　　　ご購入　　1．書店・ネット書店で購入(書店名　　　　　　　　　　)
　　　方法　　　2．当社から直接購入　　3．その他（　　　　　　　　　　）

Q2　本書のご購入になった動機はなんですか？（複数回答可）
　　　1．タイトルにひかれたから　　　2．内容にひかれたから
　　　3．店頭で目立っていたから　　　4．著者のファンだから
　　　5．新聞・雑誌で紹介されていたから（誌名　　　　　　　　　　　）
　　　6．人から薦められたから　　7．その他（　　　　　　　　　　　）

Q3　本書をお読み頂いてのご意見・ご感想をお聞かせください。

Q4　ご興味のある分野をお聞かせください。
　　　1．税務　　　　2．会計・経理　　　3．経営・マーケティング
　　　4．経済・金融　　5．株式・資産運用　　6．法律・法務
　　　7．情報・コンピュータ　　8．その他（　　　　　　　　　　　　　）

Q5　カバーやデザイン、値段についてお聞かせください
　　　①タイトル　　　　　1良い　　2目立つ　　3普通　　4悪い
　　　②カバーデザイン　　1良い　　2目立つ　　3普通　　4悪い
　　　③本文レイアウト　　1良い　　2目立つ　　3普通　　4悪い
　　　④値段　　　　　　　1安い　　2普通　　　3高い

Q6　·今後、どのようなテーマ・内容の本をお読みになりたいですか？

■ 補助金が下りなかった場合の対処法は？

　社会福祉法人の資金調達源の約半分は国からの補助金ということになっていますが，設備投資を行う法人等，資金を必要としている法人のすべてが補助金を受け取れるわけではありません。申請を行った結果，補助金が全く下りない場合も想定されます。また，国からの補助金を計算に入れても資金が不足するような場合もあります。そのような場合には，借入によって資金を調達するのが現実的です。そして，この際の借入先としては，独立行政法人福祉医療機構が最も有力です。利率という点では，固定で1％前後と非常に低くなっているのが最大の特徴です。

　そして，その次に考えられるのが民間の金融機関からの借入です。民間の金融機関からの借入については，どうしても利率が高くなりがちなので，条件をいかに有利にできるかが鍵になります。

■ 最近注目されているコミュニティ・ファンドの存在

　最近注目されている社会福祉法人の新たな資金調達手段として，「コミュニティ・ファンド」があります。コミュニティ・ファンドとは，地域社会において重要な役割を担う社会福祉法人等の団体や組織に対して資金を供給することを目的に作られた基金のことです。資金を必要とする社会福祉法人等に対して，貸付という形をとる場合もあれば，寄附という形をとる場合もあります。コミュニティ・ファンドは，少子高齢化等に対する危機感や問題解決のための情熱を持った企業や個人などの出資金によって運営されています。その活動範囲は福祉の分野に収まらず，区画整理等を含む街づくり，環境汚染問題，女性の社会進出促進等，さまざまな面で活用されています。

　コミュニティ・ファンドからの資金調達のメリットとしては，社会のために資金を使いたい地域住民と設備投資のために資金を必要としている社会福祉法

人の双方の希望をかなえられるという点があげられます。

　地域住民の方が，地域社会に貢献するために近くの介護施設に寄附をしたいといっても，なかなか機会がなかったり，敷居が高いと感じてしまったりしてしまう場合は多いと考えられますが，より地域住民に近いコミュニティ・ファンドであれば，出資という形で自らの資金を地域社会に役立てる方向で使うことができます。

　また，資金の使途についてもコミュニティ・ファンドの決算書等を通して出資者である地域住民等に報告されるため，自分の出資した資金がどのように社会のために使用されたかがわかるしくみになっています。

　さらに，コミュニティ・ファンドの最大の特徴は，地域住民等はこのファンドに資金を寄附するのではなく，あくまで出資であるということ。つまり，利益は出資者に還元される可能性があるわけです。ファンドの大半の財源は，大きな企業や資産家からの寄附によって成り立っていることが多いものの，そこに地域住民等が小口の出資という形で参加でき，小口の出資という形だからこそ，多数の方から出資を募ることが可能になるという仕組みなのです。

　最近注目されているコミュニティ・ファンドは，今後の社会福祉法人の資金調達の一角を担うようになってくることが期待されています。

IV　公的融資と補助金を活用しましょう

■ 独立行政法人福祉医療機構による福祉貸付

　社会福祉法人の補助金以外の重要資金調達手段となっている独立行政法人福祉医療機構による福祉貸付の制度の概要については，次のようになっています。

(1)　融資の対象
　機構からの融資は，国からの補助金が交付される事業について優先的に実施されています。そのため，そもそも補助金の交付対象になっていない事業や，申請したが補助金が交付されなかった事業などは，融資を受けられる可能性が低くなります。

　しかし，補助金が交付されない事業であっても，都道府県知事の意見書（補助金が交付されない理由についての説明書）がある場合には，融資を受けることができます。

(2)　融資限度額
　融資の限度額は，次のように定められています。

融資限度額＝（基準事業費－補助金）×融資率

　基準事業費とは，機構が独自に定める基準単価をもとに計算した事業費の金額と実際の事業費の金額の低いほうの金額です。借入を行って実施する事業について別途補助金を受け取ることになっていれば，その金額を差し引いたうえで融資率を乗じます。融資率については，借入の目的にもよりますが，概ね70％〜80％程度であるため，実施したい事業に必要なほとんどの資金を賄うこ

とができます。

(3)　融資利率

　融資を受ける際の利率については，民間の金融機関からの借入と比較し，非常に有利な条件となっています。貸付利率は，償還期間（１年ごと）に対応した金利設定になっており，償還期間が10年を超える場合は，完全固定金利か10年ごと見直しの固定金利のいずれかから選択することになります。

(4)　償還期間と据置期間

　償還期間は借入内容及び借入額によって変動しますが，設備資金の場合は５年から20年以内，経営資金の場合は３年以内となります。また，返済については，据置期間を設けることができます。据置期間は，償還期間が長ければ長いほど長く設定でき，最短は経営資金の６か月，最長では償還期間20年超の借入に対して３年間が設定可能です。

(5)　担保の設定

　借入を行う場合には，原則として，借入を行って取得する建物・土地等はすべて担保に入れなければなりません。

(6)　保 証 人

　保証人については，法人代表者等，個人の保証人を立てるか，貸付利率に一定の利率（0.05％程度）を上乗せすることで保証人不要とすることができます。

(7)　融資までのスピード

　機構からの融資を受けるにあたっては，福祉貸付の申請書を作成・提出する必要がありますが，この申請書が受理されてから，実際に融資が実行されるまでには半年近くかかることもあり，スピードという点で民間の金融機関に劣るのが機構の福祉貸付の唯一の弱点ともいえます。融資実行までに時間がかかる

のは，審査にかなりの時間を要するためと考えられます。そのため，設備資金のようなある程度長期の計画に基づいた資金調達には向いていますが，経営資金のような急を要する資金の調達には向いていないといえます。

■ 資金調達時の注意点

　機構からの借入については，利率が低いため，負担感なく借りられてしまいますが，「返さないといけないお金」には変わりありません。そして，その返済資金は，福祉事業などから得られる報酬からねん出することになります。

　そのため，借入に見合う収入を得られるのかどうか，本当に返済できるのかどうか，厳しく見極める必要があります。

協 調 融 資

　独立行政法人福祉医療機構が提供している福祉貸付については，基本的に民間銀行よりも低い利率で借入ができるというメリットがありますが，必ずしも必要額を借りられるとは限らず，設備投資を行うにあたって十分な金額の融資を受けられないということも考えられます。

　そのような時に利用を検討したいのが，「**協調融資**」という制度です。これは，福祉貸付を受ける際に，独立行政法人福祉医療機構が提携している金融機関からも同時に借入を受けられるという制度です。

　たとえば，設備投資をするのに5,000万円の福祉貸付を受けたかったけれど，4,000万円の借入しか受けることができなかったという場合に，足りない1,000万円を独立行政法人福祉医療機構が提携している金融機関から借りられる可能性があります。

　金融機関は別途借入の審査を行いますが，その審査を通れば福祉貸付とこの協調融資によって必要金額が賄えることになります。また，金融機関に担保を提供する場合にも所轄庁の承認が不要でできるというメリットもあるため，資金調達方法を考える際に検討することをおすすめします。

第4章

●●●●●●●●●●●●●●●●●●●●●●●●

社会福祉法人の経理業務

I　経理の基本は収支の管理にあります

■ 目的と根拠

　社会福祉法人の適切な経営のためには，日々の資金繰りから計算書類等の作成まで適切に行われる必要があります。

　そこで，日々の入手金について処理をし，それを会計データとして入力するという，経理業務を適切に実施しなくてはなりません。

　適切な経理業務とは，

　① 入出金が法人の目的に従った内容であること。

　② 入出金の根拠が明確であること。

がポイントになります。

　①は，たとえば役員の個人的な支出のために社会福祉法人のお金を使ってはいけないということです。当たり前のことのようですが，判断が甘くなることもあるので気をつけましょう。たとえば，遅刻しそうになったからといってタクシーを使って通勤した場合は，それは社会福祉法人の運営のための支出としてよいか，慎重に判断する必要があります。

　②は，支払う場合には請求書や領収証などの根拠が必要であり，お金を受け取る場合にも，その理由がわかる書類が揃ってなくてはいけないということです。そして，それらの入出金を会計データとして入力するまでが，必要な作業になります。

■ 毎月実施すべきこと

入出金については，必要な都度，処理することになるでしょう。

会計データの入力は，毎月，実施するのが理想です。その月の入金がどれだけあったのか。その月の支出がどれだけあったのか。それにより，お金の使い過ぎや売上の減少にすぐに気付いて対処できるのはもちろんのこと，処理の誤りなどに気付くことも可能になります。

【月々のスケジュール例】
　1日……通帳記入
　2日……前月の請求データと入金状況の照合，引落内容の確認
　3日～5日……前月の入出金データの取りまとめと入力
　10日……源泉所得税の納付
　25日……給与計算
　日々……入出金の処理

なお，請求書に基づく支払いは，末日締め翌月末払いなどのルールをあらかじめ決めておくと，資金繰りもしやすくなり，支払い漏れも少なくなります。

■ 毎月の経理での留意点

月々の会計データをまとめることを，月次決算といいます。

月次決算を行う主な目的は，次のとおりです。

【月次決算の目的】
○　法人経営の状態をタイムリーに把握すること。
○　月次の数値を予算と比較することで，当初の事業計画の進捗度を確認すること。

○ 月次の実績値が予算と乖離してきた場合には，修正予算の策定を検討すること。
○ 年度の決算時に経理事務が集中することを避けること。
○ 今年度の決算見込み及び来年度の予算策定に必要な情報を提供すること。

　変化の早い時代になり，社会福祉法人においても，法人全体の運営状態や損益に関する情報をタイムリーに入手することが経営上，非常に重要なものとなっています。そこで社会福祉法人については，毎月，月次決算を行い，理事長に報告することが理想とされています。

■ 毎年の経理

　社会福祉法人は，年に1回，計算書類等を作成し，決算届を提出しなくてはなりません。そのため，あらかじめ，年間のスケジュールを考えておく必要があります。特に，年度末（3月末）から社会福祉法人現況報告書の提出期限である6月末日までは，日々，月々の作業に加え，計算書類等を作成する作業（以下，「年度決算」という。）が加わるので，注意が必要です。

【3月から6月までのスケジュール例】
3月末日……決算
4月1日〜10日……役員や職員の立替経費について精算の申請をしてもらう
4月11日〜20日……3月末までに関する請求書等を取りまとめる
4月21日〜末日……3月末までの会計データの入力
5月1日〜末日……計算書類等の作成
6月中……理事会及び評議員会による計算書類等の承認
6月中……資産総額変更登記

> ６月中……社会福祉法人現況報告書の提出

■ 年度決算のポイント

　年度決算と月次決算との最大の違いは，月次決算は内部管理用に行うものですが，年度決算は外部に開示する計算書類等を作成するために行うという点です。

　月次決算の内容の主な目的は，法人全体の運営状態や損益に関する情報をタイムリーに入手することで，経営についての判断に役立つ情報を提供することですが，年度決算では，月次決算のような目的も存在しますが，やはりメインは計算書類等の作成です。計算書類等を作成するためのポイントは，次のとおりです。

　(1) 資産・負債の確定
　(2) 減価償却費の計上
　(3) 引当金の計上
　(4) 内部取引の相殺消去

(1)　資産・負債の確定

　年度決算においては，事業年度末日における資産と負債の金額を確定させる必要があります。これは，主に計算書類等の中の貸借対照表を作成するために必要です。まず，資産を確定させるために重要な概念は「実在性」です。法人の保有する資産には，施設内で使用する切手や印紙などの少額のものから，機械装置や建物附属設備などの高額なものまでさまざまなものが存在します。

　金融機関の預金については，口座ごとに３月31日時点での「残高証明書」の入手をしてください。金融機関に依頼すれば発行してもらえます。有料ですが，入手するようにして下さい。

　また，切手や印紙などは，受け渡し台帳を作りましょう。

備品や機械などの法人内で長期にわたり使用するものを固定資産と呼びますが，通常「固定資産台帳」で管理します。

　そして年度決算の際，受け渡し台帳や固定資産台帳には計上されているものの，実際にはもう廃棄しているような資産がないかということを確認します。具体的には，「実地棚卸」が有効です。実地棚卸とは，職員が手分けして帳簿（台帳）に記載されている資産が存在しているかを実際にカウントしていく方法です。実地棚卸では，帳簿にはあるが実物がない資産と，帳簿にはないが実物がある資産の両方が検出できますので，このカウント結果に合わせる形で帳簿の計上金額を修正します。

　次に，負債を確定させるために重要な概念が，「網羅性」です。負債については計上漏れが一番のリスクですので，年度決算時には，負債が網羅的に計上されているかという観点で負債の網羅性を検証します。

　具体的な検証方法としては，まず，金融機関との取引については，口座残高と同様に残高証明書を入手します。残高証明書には，保有する銀行口座の預金残高だけでなく，借入金の残高も載ってくるため，すべての借入金をチェックすることができます。また，年度末日（3月31日）以降に法人に到着した請求書の束を閲覧し，3月に計上すべきものがないかをチェックすることで事業費等の業者に対する負債の計上漏れは検証できます。

　なお，意外と忘れがちなのが，施設職員の立替経費の出し忘れです。職員が立替えていた費用の領収書を経理担当者に提出するのを忘れていたという場合には，その職員に対する未払金の計上漏れになってしまいますので，年度決算となる3月には，他の月以上に立替経費の期限内提出の徹底を職員にアナウンスすることが大切です。

(2)　減価償却費の計上

　施設の建物やその他の設備を固定資産といいます。固定資産は，購入時に全額を経費とすることはできず，一定の期間で徐々に経費にしていくという処理が必要です。この処理を減価償却といいます。減価償却は，月次決算で実施す

るのが理想ですが，年度決算では必須の作業となります。

　なお，国庫補助金によって入手した固定資産は，減価償却費の計上と同時に国庫補助金等特別積立金の取り崩しを行うことを忘れないようにしましょう。

(3)　引当金の計上

　社会福祉法人では，賞与引当金，退職給付引当金，徴収不能引当金の３つを計上することになっています。引当金を計上するということは，賞与や退職金を将来支払う予定がある場合に，その分の支払い義務を計上する処理と考えて差し支えありません。

(4)　内部取引の相殺消去

　年度決算における計算書類等の作成にあたっては，事業区分間，拠点区分間，サービス区分間における内部取引は相殺消去するものとされています。これは，法人内部での取引については，外部に公表する計算書類等では相殺消去し，そもそも取引がなかったものとするという趣旨です。

■　社会福祉法人と法人税

　社会福祉法人が行う社会福祉事業には，法人税は課せられません。

　ただし，収益事業を行っている場合や，消費税の課せられる取引を行っている場合には，法人税や消費税の申告，納付が必要になります。

　福祉事業に付随する収入であっても，消費税の課せられるものがありますので，注意が必要です。

Ⅱ　作成すべき計算書類等は３種類プラス α です

■ 社会福祉法人の計算書類等

　社会福祉法人は，年に１回，計算書類等を作成しなければなりません。計算書類等は，理事長に提出し，監事の監査を経てから，理事会の承認を得ることになります。

　また，毎会計年度終了後３か月以内（６月）に資産総額変更登記も必要です。これは，主たる事務所所在地の法務局に必要書類を提出することになります。

　さらに，毎会計年度終了後３か月以内（６月末まで）に社会福祉法人現況報告書を所轄庁あてに提出します。これには，計算書類及び事業報告書を添付することが必要となります。

■ 事業区分，拠点区分，サービス区分

　社会福祉法人が作成しなければならない計算書類は，次のとおりです。
① 資金収支計算書及びこれに附属する資金収支内訳表
② 事業活動計算書及びこれに附属する事業活動内訳表
③ 貸借対照表
　資金収支計算書は，１年間の資金の収支について集計した一覧表になります。
　事業活動計算書は，１年間の売上と経費を集計した一覧表になります。
　貸借対照表は，１年間の運営の結果，どれだけの資産や負債があるかを集計した一覧表になります。

　これらの計算書類は，法人全体のものに加え，それぞれの法人の組織形態に応じて，区分別の作成が必要になります。

　まず，法人全体を社会福祉事業，公益事業，収益事業に区分します。これを事業区分といいます。

　そして，事業区分を拠点別に区分します。施設の場所ごとの区分だと考えるとよいでしょう。これを拠点区分といいます。

　さらに，拠点区分をサービスごとに区分します。1つの施設の中で，入所と通所のサービスを行うような場合には，これらを区分するということです。

　また，計算書類を補完する資料として，財産目録と附属明細書も作成することになります。

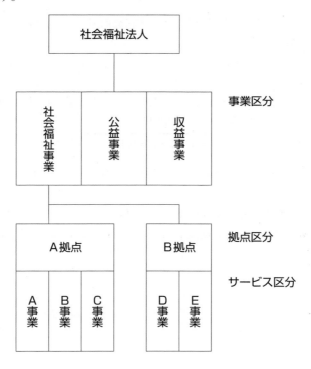

■ 作成すべき計算書類の種類

　社会福祉法人は，区分の状況によって，以下の表にある計算書類を作成することになります。

	資金収支計算書	事業活動計算書	貸借対照表
法人全体	法人単位資金収支計算書	法人単位事業活動計算書	法人単位貸借対照表
法人全体 （事業区分別）	資金収支内訳表 ※1	事業活動内訳表 ※1	貸借対照表内訳表 ※1
事業区分 （拠点区分別）	事業区分資金収支内訳表※2	事業区分事業活動内訳表※2	事業区分貸借対照表内訳表※2
拠点区分 （各拠点ごと）	拠点区分資金収支計算書	拠点区分事業活動計算書	拠点区分貸借対照表

※1　事業区分が社会福祉事業のみの法人の場合，省略可。拠点区分が1つの法人の場合，省略可。

※2　拠点区分が1つの法人の場合，省略可。拠点区分が1つの事業区分の場合，省略可。

　なお，資金収支計算書と事業活動計算書については，サービス区分別の附属明細書（拠点区分資金収支明細書，拠点区分事業活動明細書）を作成します。

Ⅲ　日々の入出金と現金の管理は慎重に

■ 日々の支払い業務

　社会福祉法人を運営するためには，さまざまな経費がかかります。家賃や水道光熱費，人件費や消耗品費など，必要な経費をあげればきりがないほどです。

　支払いの方法には一般的に，①預金口座からの振込，②預金口座からの引落，③現金による支払いがあります。

　①については，「請求書を受け取る → 支払いの申請をする → 責任者から支払いの承認を受ける → 振込の処理をする」という流れになります。

　②については，「引落処理の申請をする → 責任者から引落についての承認を受ける → 引落書類を作って取引先に提出する → 実際に引き落とされる」という流れになります。

　③については，「お金を支払う → 領収証を受け取る」ということになりますが，後述するように，通常，お金を支払うにあたっては，責任者の承認を受ける必要があります。

　そして，それぞれ，会計データとして入力することになります。

■ 現金管理の必要性

　現金の管理は，預金以上に徹底して行う必要があります。なぜなら，現金は現実に施設内に存在しているものであるため，紛失や盗難の危険性が高いからです。

　そのため，原則として入出金の都度，現金出納帳に記録すると同時に，入出金前後の現金在高を確認する必要があります。

また，現金が何に使われたのかをしっかり把握する必要があります。もちろん，入金についても同じで，金庫に受け入れた現金について，預金から引出したものなのか，利用者から徴収した月額の介護報酬なのか等を明確にしなくてはなりません。

　そのため，入金についても出金についても，現金出納帳にその内容を記録するのはもちろんのこと，領収証やその控え，請求書など，その理由がわかる書類を合わせて保管しておく必要があります。

　なお，入金時には，支払った相手に対して領収証を発行し，その控は法人内で保管しておくようにしましょう。

■ 現金管理の方法

　現金の入出金は，次のような手順で行うのが一般的です。

① 担当者が入出金伝票を起票，理由のわかる書類を添付。

② 責任者が入出金伝票を承認。

③ 担当者が承認された入出金伝票をもとに入出金を行う。

④ 担当者が入出金内容を現金出納帳に記入。

⑤ 責任者が出納簿と入出金伝票を突合，内容の一致を確認し承認。

⑥ 日次で現金の現物をカウントし，現金出納帳の残高と一致していることを確認し，責任者が承認を行う。

　これにより，原因不明な入出金をなくし，職員の横領等の不正を防止することもできるようになります。

■ 現金の取扱い

　ところで，大前提として，現金は必ず鍵のかかる金庫に保管しておく必要があります。金庫の鍵や暗証番号の管理者は特定の職員だけに限定し，それ以外の職員が勝手に金庫を開けることができないような状況を作ることが重要です。

　そして，申請と承認を経てから，金庫を開けるというルールを徹底しましょう。上場企業であっても，現金の横領等の不正が起きてしまうことがあります。それだけ，現金の管理は難しいのだということを心得ていてください。

　ちなみに，不正が起きてしまう背景には，

　○　不正を行う動機があること。

　○　不正を行えてしまう機会があること。

　○　不正を行っても正当化できる事情があること。

があるといわれています。

　不正を行う動機というのは，たとえば職員が個人的に借金を抱えていたり，ギャンブルに傾倒していたりする場合を意味しています。また，不正を行えてしまう機会とは，たとえば現金の管理をすべて任されていて，金庫の中から自由にお金を持ち出せるような環境にある場合を意味しています。

　そこに「少しくらいいいや」といった気持ちが重なれば，不正が生じやすくなります。人間，誰だって魔がさすことはあります。不正を防ぐ工夫をするということは，人を疑うということではなく，疑わなくて済むように対策を打つということなのです。

　なお，担当者や責任者の馴れ合いによる相互牽制効果の低下を避けるため，定期的に職員の配置転換を行うことも効果的です。人員不足により，現金の管理が1人の担当者に任せきりになっている状況が長く続いている法人もありますが，定期的な配置転換だけでも徹底することが重要です。

Ⅳ　フロント(窓口)業務と経理業務との連携は欠かせません

■ フロント業務と経理業務の連携の重要性

　社会福祉法人の経営に役立つ情報を提供することが経理の役目ではありますが，経理は各部署から報告された情報を加工したり，集計したりすることがメインの部署ですから，本当に重要なのは，各部署から正確な情報が報告されるような仕組みが構築されているかどうかです。

　このとき，特に重要になるのが，フロントとの連携です。特別養護老人ホームのように介護保険を利用したサービスを提供する施設の場合には，レセプト業務をはじめとするフロント業務を行う部署が法人の収入を司っているといっても過言ではないからです。

　レセプトに基づく請求額や，個人別の請求と入金の状況に関するデータは，フロント業務の担当者が把握していることも多いはずです。一方で，会計データの作成や，入金が遅れている方へのフォローは，経理部やその他の部署が実施するでしょう。

　そのため，フロント業務と経理業務の連携を図れるよう意識的にその体制を構築することが，社会福祉法人全体の経営のポイントになるのです。

■ フロント業務と経理業務の連携の必要性

　フロント業務と経理業務の連携にあたって重要なことは，お互いがお互いの業務について把握するということです。フロント業務の担当者はただでさえ忙しいのに，経理の担当者から立て続けにあの資料をください，この資料をください といわれてしまうと，「なぜこの資料を作る必要があるのか」ということを理解しないまま経理に提出する資料を作成してしまうことがよくあります。そうなれば，意味のない資料を作ってしまったり，誤りも増えてしまったりするなど，余計な手間がかかってしまいます。さらに，両部署の関係も悪化してしまいます。

　そのため，まず両部署の責任者と担当者が顔を合わせてお互いの業務について理解することが重要です。たとえば，フロント業務の担当者は毎月10日までに国保連に請求を行うため，そこまでが非常に忙しいにも関わらず，経理から急ぎでない資料のお願いをしていないか，また，フロント業務の担当者が経理に提出した資料を経理で集計するのに毎月かなりの時間を割いていたが，実はフロント業務のシステムで簡単に集計まで可能なものだった等，お互いがお互いの業務について説明をすることで見えてくることが多々あります。そして，フロント業務の担当者が，経理がどのような情報を欲しているのかを把握することで「なぜこの資料を作る必要があるのか」ということが理解できますし，それを理解したうえで資料を作成することで間違いも大幅に減らすことができます。お互いのシステムからどのような資料が出せるのか，今手計算で集計しているこの金額はフロント業務のシステムから自動出力できないのか，毎月集計しているこの金額は何のために必要なのか，資料Ａは資料Ｂで代替できないかなど，お互いに業務の効率化や軽減を図るために意見を出し合うことが連携のための非常に有効です。

　フロント業務や経理業務はどちらかというと「作業」に追われてしまい，余裕がなくなってしまう場合が多いですが，だからこそお互いに情報や理解を共

有し，少しでも業務の軽減や効率化を図ることが大切といえます。

■ 協力して代金の回収をしましょう

　社会福祉法人では，利用者からの料金が回収できないことが大きな問題となる可能性があります。

　サービスを提供しただけでは，法人の運営は成り立ちません。報酬を請求しただけでも不十分。実際にお金をいただくことで，それを使って社会福祉法人の経営を続けていくことができます。

　○　誰から入金され，誰からの入金がないのか。

　○　入金がどれくらい滞っているのか。

　それを法人全体で把握できるよう，フロントと経理が連携するのはもちろんのこと，法人全体でコミュニケーションをとっていけるような体制を整えていくことが重要です。

V　予算はとても大切です

■ 予算の原案の作成

　社会福祉法人の収支は，すべて予算ありきで管理されるものです。

　社会福祉法人において，予算は非常に重要な役割を担っていますので，適切な予算を組めるかどうかが適切な法人運営の鍵になります。

　予算の編成方法は，大きく2つあります。

　1つは，過去の実績に基づいて，実績に調整を加えて作成する方法です。たとえば，売上は前年度比5％増を目標にするので5％を上乗せした金額，人件費は少しベースアップをする予定なので，それを見込んだ金額といった具合に，過去の実績に調整を加えていきます。

　もう1つは，それぞれの部署ごとに翌年度の収入や支出を見積もって，それを積み上げていくという方法です。積み上げた予算数字に対して，理事長や理事会から改善点を伝えていくことで，達成目標としての側面を付け加えることができます。各部署の責任者や職員に対して，理事長や理事会がメッセージを発したい場合には，予算の一部について目標数値を明示することも効果的です。

　どちらかの方法を採用するということも考えられますが，併用して最終的な数値を作るというのが現実的でしょう。数字を積み上げた結果，赤字予算になってしまっては予算として使えませんし，単なる実績の調整では，どうしても過去に引きずられてしまうからです。

■ 予算の原案の修正

　積み上げにより予算の原案を作成し，過去の実績と照らし合わせ，実現可能性，収支バランスという観点から不合理な点がないか確認することで予算を作り上げるのが理想です。

　実現可能性という点では，主に収入の面で注意しなければなりません。

　各部署が掲げた収入の予算金額が当年度の実績と比較してあまりにも差が出ている場合には，実現可能かどうかを各部署の責任者と検討する必要があります。この際には，各部署の責任者が予算作成の際の根拠とした資料をよく検討する必要があります。何も考えずに前年比５％増としているような場合や，感覚的にこのくらいだろうという予想しかしていないような場合には，あとで実績金額と差が出た場合に，その原因を分析することができず，無意味な予算になってしまいます。

　また，収支バランスという点では，主に支出の面で注意が必要です。予算の原案の段階で各部署から上がってくる数字は，節約や削減等はあまり考慮されずに，「必要な金額」を報告してくることが通常です。各部署から上がってくる数字を本部で集計してみたら，予算の原案では収支が赤字になってしまうこともあります。

　そのため，次の段階で，収支のバランスを踏まえて次の手順で予算の原案にテコ入れをしていきます。

　① 法人全体として削るべき費用項目を決める。

　② 各事業区分ごとに削るべき費用項目を決める。

　①予算原案が大きく赤字になってしまっているような場合には，トップダウン的に法人全体として削るべき費用項目を決定します。

　また，②各部署特有の支出項目については，削れるものがないかを検討します。法人全体としての削減目標に加え，各事業区分独自に支出項目を見直し，削減可能なものは削っていくのです。

　予算原案を収支のバランスの取れた予算案に修正できれば，予算としてはほぼ完成です。最後に理事会で特に意見が出ずに承認がなされれば，来年度予算として確定します。

Ⅵ　予実管理は比較と分析で

■ 予実管理の必要性

　予算と実績の比較・分析を予実管理といいます。月次決算では，毎月の予実管理まで行うのが理想です。

　予実管理では，予算と実績がなぜ乖離したのかを分析することになります。これを行うことで，想定されたとおりに事業運営を行うことができたのかどうか，また，どのような運営方法をとれば予算と実績が乖離しないのかを検討することができます。法人運営の問題点や改善点を洗い出すうえで，予実管理は非常に有効な手段となります。

■ 予実管理を可能にする予算とは？

　予算を作れば，予実管理ができると考えるのは，必ずしも正しくありません。予実管理ができる予算とできない予算があるからです。前述のとおり，予実管理とは，予算と実績がなぜ乖離したのかを分析することで法人経営の問題点や改善点を洗い出すことです。そのため，予算と実績がなぜ乖離したのかが分析できない場合，予実管理はできないのです。具体的にいえば，予算を作成した際に，「だいたいこのくらい」や「一律前年比＋２％」というような作成の仕方をしていると，実績が出た際に，なぜ予算と実績がずれたのかという問いに対して，「予算の読みが甘かったから」というような答えしか返ってきません。これでは，法人経営の問題点や改善点を洗い出すことは不可能です。

　そのため，予算を作成する際には，実績が確定した際に予算と実績の乖離原因を分析できるような前提事項を定めておくことが重要です。

■ 予実管理の具体例

　たとえば，利用者収入については，予算の作成段階で，「利用者数は年間○人（前年実績プラス60人）で，１人当たり単価は△円（前年同水準）と想定している。今年度は，近隣の施設（定員200人）が閉鎖された影響で，デイサービス利用者の増加が見込まれるため，前年度プラス60人の利用者増と仮定して予算を作成している」等の前提条件をはっきり定めます。そうすれば，年度末に予算と実績額に差が出た際にも，「年間利用者はプラス60人という前提だったが，閉鎖された近隣施設の利用者をうまく取り込むことができず，30人の増加にとどまった。また，１人当たり単価は△円という想定だったが，単価の低い日帰り利用者の増加により■円に低下した。そのため，予算と比較して実績を比較すると，利用者数の未達による差異が×円，１人当たり単価低下による差異が□円で合計●円の差異となっている。」というような分析が可能になります。

　そしてこの分析を踏まえて，翌年度以降，利用者数を伸ばすためにはどうしたらよいのか，１人当たり単価を上げるにはどうしたらよいのかという方針を練っていくことが可能になるのです。

　社会保険を利用したサービスの場合には，受け取れる報酬に上限があるのも事実ですが，よいサービスの提供が安定した利用者数を獲得し，それが法人の安定した経営につながることは間違いありません。

　営利を追求するわけではありませんが，行き当たりばったりの経営をするのは危険です。予実管理によって状況を客観的に把握し，戦略を立てることが重要です。

社会福祉法人の消費税

社会福祉法人の提供する社会福祉事業には，法人税は課せられません。しかし，消費税には少し注意する必要があります。

消費税は，受け取った消費税から支払った消費税を差し引いた残りの金額を国に納付するのが基本です。この時に，消費税を受け取るような売上のことを「課税売上」といいます。そして，この課税売上が年間1,000万円超になると，消費税の納税義務が発生します（課税売上が1,000万円以下の場合には，消費税の納税は不要です）。

社会福祉法人の場合は，第一種社会福祉事業と第二種社会福祉事業の売上は課税売上には該当しないため，これらの事業のみを行っている法人であれば課税売上は0円となり，消費税の納付は不要です。しかし，実際には，これら以外に副次的な事業を行っている法人は多いと考えられます。

たとえば，介護についての講習を開催して受講者から参加費を受け取ったり，市町村から事業を受託して行ったりしている場合には，課税売上となる可能性が高く，正しく集計がなされていないと消費税の納付漏れになってしまう可能性があります。

そのため，複数の事業を行っているような場合には，それぞれが課税売上に該当するかしないかを慎重に判断する必要があるため，注意が必要です。

第5章

社会福祉法人の職員管理

I　雇用にはたくさんの法律が関係します

■ 社会福祉法人における人事労務

　少子高齢化が進み，人材の確保はどの企業でも最重要課題と位置づけられるようになりました。外食産業，コンビニエンスストアなどでの人材不足は深刻になっており，都内では外国人の店員が多い店舗も珍しくなくなってきました。

　福祉・介護業界においては，もっと深刻です。仕事はきついのに，給料は高いとはいえません。有料老人ホームであっても，スタッフの入れ替わりが激しく，人材を確保するのが本当に難しくなっているのです。

　施設に立派な設備が整っていても，勤務してくれるスタッフがいなければ，社会福祉法人の経営は成り立ちません。人員について，常に考え，計画し，行動することが重要になります。

■ スタッフの区分とボランティア

　スタッフは，
　① 正社員
　② 契約社員，パート，アルバイト
　③ 派遣社員
の３つに区分することができます。

　法律上，契約社員，パート，アルバイトという区分はありませんが，雇用関係と契約期間により一般的には，次のように分けられます。

		雇用関係にある		雇用関係にない
		期間の定めがない	期間の定めがある	
就業時間や日数	フルタイム	正社員	契約社員	派遣社員
	フルタイムより短い	パート社員	パート社員アルバイト	

　正社員はもちろん，パート社員であっても，雇用契約をしっかり結ばなくてはなりません。また，派遣社員は，派遣会社と契約を結ぶことになります。

　なお，社会福祉法人においては，ボランティアスタッフの存在も重要になります。ボランティアスタッフは，雇用関係にはありませんが，何か問題が生じたときのために，身元の確認ができるようボランティアスタッフ登録をしてもらうようにしましょう。ちなみに，ボランティアだからといって，金銭を支払ってはいけないということはありません。交通費など金額を決めたうえで支給することも考えられますので，法人の方針を定め，ボランティアスタッフの力をお借りできる体制を整えるとよいでしょう。

■ 雇用契約時の注意点

(1)　雇用期間

　「いつまで」という期間を決めずにフルタイムの雇用契約を結べば，いわゆる正社員ということになります。

　一方，1年間などの期間を定めて雇用契約を結べば，契約社員やパート社員ということになります。

　期間の定めのある雇用契約を締結する場合には，その契約期間について注意が必要です。契約の更新，雇止めについての条件や判断基準を雇用契約書に明確に記載し，本人に伝える必要があります。契約の更新の有無については，「特段の事情がない限り自動的に更新する」場合と「契約期間満了の都度，更

新の可否を判断する」場合とでは大きく異なります。

　厚生労働省では，「有期労働契約の締結，更新及び雇止めに関する基準」を
定めており，有期雇用者で契約が3回以上更新されているか，1年を超えて雇
用されている労働者について契約更新をしない場合には，原則として少なくと
も30日前までに，その予告をしなければならないとしています。

(2)　試用期間

　正社員にもパートやアルバイトに対しても，試用期間を設けることは有用で
す。一般的には3か月が多く，長い場合には半年程度を試用期間とすることも
あります。

　試用期間を設けていれば，その間，勤務態度や能力について判断することが
できます。

　もちろん，試用期間中であっても，正式採用を簡単に拒否することはできま
せん。試用期間中に採用をとりやめる場合でも，法律上は解雇にあたります。
社会通念上相当と是認される理由が必要です。

　ただ，試用期間として施設とスタッフが互いに話し合う時間を持つことがで
きれば，適性のないスタッフが無理をして働き続けるなどの苦しい思いを避け
ることにもつながります。

■ 派遣社員

　派遣社員は，派遣会社と契約を結ぶことで確保できる人材です。報酬は，派
遣会社に対して支払います。雇用するスタッフと違って，期間を自由に定めて
利用することができますから，一時的な人数の調整には有用です。

　また，雇用契約や社会保険など，雇用にまつわる手続がありませんので，手
間もかかりません。

　一方で，派遣会社への手数料がかかったり，よい人材が来るかどうかわから
なかったりするなどの問題もあります。

手間がかからないからと多用することなく，計画的，あるいは緊急避難のために，上手に活用するとよいでしょう。

■ 有給休暇

雇用関係にあるスタッフは，法律上，最低限の有給休暇が認められています。これは，パート社員であっても同じです。

社会福祉法人の多くは，シフト勤務などの体制をとっており，人員配置が円滑な施設運営の鍵となります。有給休暇までしっかり視野に入れた人員計画を立てることが重要です。

【フルタイムの場合の有給休暇】

雇入れの日から起算した勤続期間	付与される休暇の日数
6か月	10日
1年6か月	11日
2年6か月	12日
3年6か月	14日
4年6か月	16日
5年6か月	18日
6年6か月以上	20日

【パートタイムの場合の有給休暇】

週所定労働日数	1年間の所定労働日数	雇入れ日から起算した継続勤務期間 （単位：年）						
		0.5	1.5	2.5	3.5	4.5	5.5	6.5以上
4日	169日～216日	7日	8日	9日	10日	12日	13日	15日
3日	121日～168日	5日	6日	6日	8日	9日	10日	11日
2日	73日～120日	3日	4日	4日	5日	6日	6日	7日
1日	48日～ 72日	1日	2日	2日	2日	3日	3日	3日

Ⅱ　社会福祉法人の社会保険加入は必須です

■ 社会保険の加入は義務？

　「社会保険」というと，厚生年金を思い浮かべる人も多いかもしれませんが，広義には労働保険も含めた制度を意味しており，次のように整理することができます。

広義の社会保険	社会保険（狭義）	健康保険	病気やけがに対する保険
		厚生年金	老後の年金
		介護保険	介護に対する保険
	労働保険	雇用保険	失業者への給付など，雇用全般に対する保険
		労災保険	仕事中や通勤中に負ったけがや病気への治療費に対する保険

　労働保険は，スタッフを１人でも雇用していれば，加入しなければなりません。また，狭義の社会保険は，法人であれば，スタッフの数が少なくても強制適用となります。

　つまり，社会福祉法人は，社会保険の加入義務があるということです。なお，以下では特に断りのある場合を除き，社会保険という言葉は狭義の社会保険という意味で用います。

■ 社会保険に加入しなければならない人，加入できない人

　正社員は，原則として全員社会保険に加入しなければなりません。

　一方，パート社員等の正社員以外の方は，常用的使用関係にあるかどうかで判断します。常用的使用関係にあれば，社会保険の被保険者（社会保険に加入）になります。常用的使用関係にあるかどうかは，労働時間と労働日数が，次の基準を上回る場合をいいます。

　○　労働時間……1日の所定労働時間が，正社員の概ね4分の3以上（正社員の所定労働時間が1日8時間であれば6時間以上）の場合

　○　労働日数……1か月の勤務日数が，正社員の所定労働日数の4分の3以上の場合

　　　※　社会保険に加入中の従業員が501人以上の法人は上記と取扱いが異なるが，本書ではその内容は割愛する。

　社会保険は，常用的に雇用される方が加入しなければならないものなので，反対に一時的に雇用されただけのような次の方は加入することができません。

　①　臨時の従業員として2か月以内の期間を定めて使用される人

　②　日雇いの人

　しかし，①については，2か月を越え引き続き使用されれば常用的に雇用されているとみなされ社会保険に加入することになり，②についても，1か月を越え引き続き使用されれば加入することになります。

　なお，社会保険に加入しないパート社員等は，国民健康保険，国民年金に加入することになります。ちなみに，介護保険は，40歳になったときから加入することになります。

■ 社会保険料の計算

　社会保険料は，月給に応じて金額が決まります。原則として，毎年7月1日現在で使用しているすべての被保険者に4～6月に支払った賃金を「算定基礎届」に記載して提出し，この届出内容に基づき，毎年1回標準報酬月額が決定されます。

　「算定基礎届」により決定された標準報酬月額は，原則1年間（9月から翌年8月まで）適用され，この標準報酬月額に応じて社会保険料が決まります。

　そのため，毎年7月にはスタッフのうち，社会保険被保険者についての4月～6月に支払った給与の集計と，算定基礎届の作成・届出が必要です。

　また，賞与についても健康保険・厚生年金保険の毎月の保険料と同率の保険料を納付することになっています。賞与を支給した場合には，支給日より5日以内に「被保険者賞与支払届」により支給額等を届け出ることになっています。

　この届出内容により標準賞与額が決定され，これにより賞与の保険料額が決定されるとともに，被保険者が受給する年金額の計算の基礎となります。

■ 社会保険（広義）の手続

　社会保険（狭義）に関しては，社会福祉法人設立時の届け出，スタッフ入社時の届け出，算定基礎届，被保険者賞与支払届，退職時の届け出など，年金事務所にて手続をしなくてはなりません。

　また，労災保険に関しては労働基準監督署，雇用保険はハローワークでの手続となります。

　スタッフの生活に関わる問題でもあるので，遅滞なく手続できる体制を整える必要があります。何十名もいるスタッフについて，これらの手続をするのは，なかなか大変です。社会保険労務士の力を借りることも検討するとよいでしょう。

■ 退職金の支払い

退職金は，法律上，必ず支払わなければならないものではありません。ちなみに，賞与も，法律上は支払う必要はありません。ただし，就業規則に定めたにも関わらず支給しない場合には，問題となります。

賞与や退職金は，スタッフの士気を高め，定着率を上げるための大きな力となりますから，検討する価値はあります。

とはいえ，退職金について制度を設けて維持するのは大変ですから，社会福祉協議会が運営する退職共済制度を利用するとよいでしょう。たとえば，横浜市社会福祉協議会が運営する退職共済制度であれば，市社協会員である民間社会福祉施設・事業を経営する法人又は任意団体等が加入できます。共済制度は，次のような仕組みになっています（横浜市社会福祉協議会ウェブサイトより）。

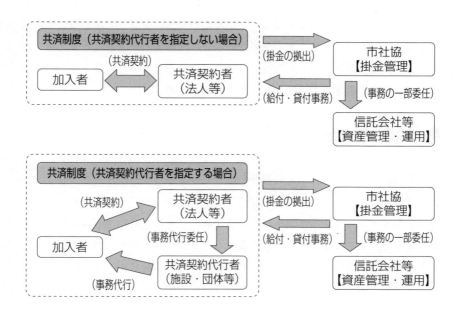

Ⅲ　就業規則は必ず作りましょう

■ 就業規則の留意点

　法律上，就業規則を定めなければいけないのは，パートタイム等のスタッフを含め常時10人以上の職員を使用する企業です。また，就業規則を定めたら，所轄の労働基準監督署に届け出る必要があります。

　常時使用する職員が10人未満の施設では，法律上は就業規則を定める必要はありませんが，就業規則は施設の円滑な運営には欠かせません。社会福祉法人においては，人数に関わらず，必要なものだといえます。

　なお，就業規則は施設ごとや事業所ごとに作成することになります。勤務条件や勤務状況が施設や事業所ごとに異なるためです。本部等で統一的な就業規則を定めている場合には，その規則が適用される施設名や事業所名を明示するとともに，勤務条件について施設や事業所間で差がある場合には，その項目については施設や事業所ごとに記述する必要があります。

■ 多様な勤務形態

　社会福祉法人には，シフト勤務をしなければならなかったり，さまざまな有資格者がいたりするといった特徴があります。そのため，それに合わせた就業規則を作成することがポイントになります。たとえば，有給休暇は1日単位で消化するのが基本ですが，半休を用意することにより，柔軟に働けるといったことも考えられます。また，それぞれの資格に対する資格手当を設けることで，スタッフ同士の給与の違いを明確にすることも重要です。

■ 夜勤と宿直の違い

　介護施設等で，夜間に職員を配置する必要がある場合には，「夜勤」と「宿直」のいずれかの形をとることになります。

　夜勤とは，法定労働時間内で夜間に勤務することをいいます。法定労働時間は１日８時間で週40時間以内と定められているため，この中で夜間に勤務することになります。この場合，深夜時間帯（22時から５時まで）については，深夜割増手当（25％上乗せ）を支払う必要があります。

　宿直とは，宿直室で眠ることもできるような施設での待機を意味しており，労働基準法の労働時間，休憩，深夜の割増賃金に関する規定は適用されません。ただし，宿直をするには，労働基準監督署長の許可が必要です。社会福祉施設で宿直を行う場合には，次のような非常に厳しい要件があります。

【宿直許可の要件】

① ほとんど労働する必要のない勤務で，定時巡視，文書又は電話の収受，非常事態に備えての待機を目的とするものに限る。

② 宿・日直の回数は，宿直勤務については週１回，日直勤務については月１回が限度。

③ 宿直勤務については，相当の睡眠設備の設置が必要。

④ １回の宿・日直手当の額は，宿・日直に就くことが予定されている職員の１人１日平均額の３分の１以上の額とする。

⑤ 通常の勤務時間の拘束から完全に開放された後のものであること。

⑥ 一般の宿直業務のほかには，少数の入所児者に対して行う夜尿起こし，おむつ取替え，検温等の介助作業であって軽度かつ短時間の作業に限ること。

⑦ 夜間に十分睡眠をとりうること。

この要件を満たし，許可が下りれば，宿直という形をとることができます。その場合には，上記④のとおり，宿・日直手当を支払う必要があります。

このため，たとえば就業規則では夜勤という勤務条件となっていて，深夜勤務時間に応じて深夜割増手当を支払わなければならないのに，定額の夜勤手当や宿直手当を支払っているような場合には，給与の過払いや支給不足が起こる可能性がありますので，注意が必要です。

■ 社会福祉法人の人手不足の原因は？

社会福祉法人の運営する施設については，離職率の高さが問題となっています。高齢者施設をはじめとするこれらの施設では，人手不足の状態が続いています。この原因は主に，次の2つが考えられます。

① 社会福祉施設に勤務しようとする人が少ないこと。

② 業界内の離職率が高いこと。

①については，これから本格的な高齢化社会を迎えるうえで，日本をあげて取り組まなければならない課題であり，社会福祉法人が個々に社会福祉施設に勤務しようとする人を増やすような対策を取ることはなかなか難しいといえます。

現在，外国人労働者の受け入れも含めて，さまざまな試みが行われています。そういった新しい情報を取り入れ，また，新しい制度を積極的に利用していくという姿勢が大切です。

②については，特に高齢者施設での介護関連の仕事は，身体的にも精神的にも負担が大きい仕事ですので，やむを得ない部分もあります。

しかし，一方で，社会福祉法人の中には，自助努力により低離職率を実現しているところもあります。施設長が施設の経営理念を大切にし，仕事に誇りを持って自ら実践すると同時に，スタッフ全員に日々理念やプロ意識を伝達しているというのがその要因のようです。給料や規則でできることには限界があります。経営理念やトップやマネジメント層の想いこそが，大切になるのです。

■ 離職率を下げるために

　離職率を下げるためには，長く働きたいと思うような職場を作ることが大切です。そのための解決策の1つに，職員のキャリアマップを考えるという方法があります。具体的には，就業規則の中に人事評価の項目を設け，職位別にどのようなことが求められているのかを明確に定め，それに基づき人事評価を行うのです。

　キャリアマップや評価基準を職員に開示することで，低職位の方でも次の職位になるとこんなことが求められるのかというのを理解できますし，次は，その次は，ということが明確になっていれば，将来の自分のイメージをしやすくなると思います。

　なお，厚生労働省のホームページに，以下のような介護事業におけるキャリアマップや評価基準が開示されています。参照されたい方は，「厚生労働省・能力評価シート・キャリアマップ」等のキーワードで検索をしてみてください。

【①共通】（共通能力ユニット）※基準詳細は「別紙1」参照

能力ユニット	能力細目		職務遂行のための基準	自己評価	上司評価	コメント
1. 企業倫理とコンプライアンス	①介護保険法、関係法令、諸ルールの内容の把握	L2-3	1　会社の理念や諸規程、介護サービスに携わる者としての職業倫理、介護保険倫理、法律を遵守する行動等について、法律を遵守する行動を取っている。			
	②介護保険法、関係法令、諸ルールの遵守	L2-3	2　職業人としての自覚を持ち、会社の理念や諸規程、法律を遵守する行動を取っている。			
	③コンプライアンス・リスクマネジメントの推進		L3以上にて求められる項目			
2. チームワークとコミュニケーション	①上位者や同僚との連携による業務の遂行	L2 / L2-3	3　上位者の指示や指導に沿った行動を取り、チームの目標達成のためにメンバーと協力しながら業務を遂行している。			
	②他部門等との連携による業務の遂行	L2-3	4　関連する各部署との業務の連携性を理解し、良好な連携を取っている。また、社内における人的ネットワーク・情報収集ルートの拡大に積極的に取り組んでいる。			
3. 外部、関係機関との連携	①ケアマネジャーとの連携	L2-3	5　サービス提供としての見解や意見を明確に持ってサービス担当者会議に出席し、必要な情報の共有化を図っている。			
	②地域への働きかけ、連携	L2-4	6　外部の講習会や勉強会に積極的に参加し、自己研鑽と情報収集に努めている。人的ネットワークづくりに努めている。			
	③その他関係機関との連携					
4. 目標管理	①目標設定	L2-3	7　会社や部門の目標・方針に基づき自店舗の目標を正確に理解し、担当業務に関する目標設定を適切に行っている。			
	②進捗管理					
	③成果の検証		L3以上にて求められる項目			
5. 利用者の安全確保、トラブルの未然防止	①サービス提供におけるリスクの理解	L2-3	8　想定されるリスクを理解し、問題を未然に防ぐため、会社が講じている各施策を理解している。			
	②利用者の安全確保のための対応	L2-3 / L2-4	9　利用者情報の機密性やトラブル未然防止の業務マニュアル等を理解して業務に取り組み、事業所スタッフにも徹底している。また、リスクを事前に察知し連絡・対応するとともに、ヒヤリハット等の事例を収集して、問題の未然防止策を適切に講じている。			

【②介護サービス事業管理（事業所）】：サービス提供責任者候補・チームリーダー候補　（選択能力ユニット）

能力ユニット	能力細目		職務遂行のための基準	自己評価	上司評価	コメント
1. 契約	①初回アセスメント		L3以上にて求められる項目			
	②スタッフ調整					
	③契約締結					
	④利用者への情報提供					
2. 個別援助計画の作成と見直し	①個別援助計画等の作成	L2	10　ケアプランに従い、利用者の訪問介護計画や手順書等の作成・見直しに関する作業の補助を行っている。			
	②個別援助計画内容等のスタッフへの引き継ぎ		L3以上にて求められる項目			
	③個別援助計画の見直し					
3. 利用者の日常的な状態の把握とケアの品質管理	①利用者の日常的な状態の把握		L3以上にて求められる項目			
	②日常的なケアの品質管理					
	③クレームへの対応					
4. 要員管理	①要員計画の策定		L4にて求められる項目			
	②要員充足のための業務の実施					
	③要員計画に対する機能の評価					

				L.3以上にて求められる項目
5.スケジュール管理	①スケジュール作成			
	②スケジュールの変更・調整	L.2	11 スタッフと十分なコミュニケーションをとりながら、スケジュール変更・調整に関する作業の補助を行っている。	
6.人材育成	①適切な業務の割り振り			L.3以上にて求められる項目
	②OJTの実施			
	③研修・勉強会、ケアカンファレンス、ミーティング等の開催			
	④ケアスタッフの個別指導・アドバイス			
	⑤ケアスタッフの自己啓発支援			L.4にて求められる項目
	⑥人材育成計画の策定			
	⑦人材育成計画の進捗管理			
	⑧人材育成の効果、実績の確認			
7.請求関連業務	①サービスの実績確認			L.3以上にて求められる項目
	②請求計算	L.2	12 上位者の指示に基づき、請求事務を適切に行っている。 13 上位者の指示に基づき、収支管理に必要な財務情報の収集・集計等を適切に行っている。	
8.衛生管理	①スタッフの休職管理、衛生管理			L.3以上にて求められる項目
	②設備・備品等の衛生管理			
	③食材・調理器具等の衛生管理			
	④廃棄物処理			
	⑤衛生管理におけるリスク管理			L.4にて求められる項目
	⑥緊急時対応			
9.営業	①営業活動計画立案のための情報収集			L.4にて求められる項目
	②営業活動計画立案			
	③営業活動の推進と進捗管理	L.2-3	14 上位者の指示に基づき、営業活動やイベント、PR活動の立案・実施を適切に行っている。	
	④営業活動の結果の検証			L.4にて求められる項目

【評価の基準】
○：一人でできている（下位者に教えることができるレベル含む）
△：（ほぼ）一人でできている（一部、上位者・周囲の助けが必要なレベル）
×：できていない（常に上位者・周囲の助けが必要なレベル）

	自己評価集計	上司評価集計	上司評価合計数に占める割合
○の数			%
△の数			%
×の数			%
○△×の合計数			

出典：厚生労働省「職業能力評価シート」

107

【キャリアマップ（在宅介護業）】

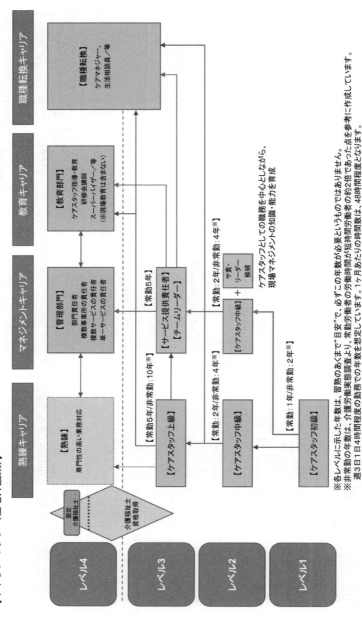

※各レベルに示した年数は、習熟のあくまで"目安"で、必ずこの年数が必要というものではありません。
※非常勤の年数は、介護労働実態調査より、常勤労働者の約2倍であった点を参考に作成しています。
週3日1日4時間程度の勤務での年数を想定しています。1ヶ月あたりの時間数は、48時間程度となります。

出典：厚生労働省「キャリアマップ」

108

━ ■ Column ■ ━

福祉貸付の弁済補償金

　独立行政法人福祉医療機構が提供してくれる福祉貸付については，非常に低い利率で借入が行えるため，民間の銀行借入よりも非常に大きなメリットがあります。しかし近年，民間銀行の借入利率が低下してきており，利率の高い時期に借りた福祉貸付があるような場合には，民間銀行に借換をしたほうがトータルの利息の支払が安くなる場合があるようです。

　このような場合に，借換の大きな障害となるのが「**弁済補償金**」の存在です。福祉貸付を繰上返済するには元本とは別に弁済補償金というものを支払わなければならず，実はこの弁済補償金が非常に高額なのです。

　利率の低い民間銀行への借換により，支払わなければならない利息の金額は大幅に減少しても，この弁済補償金を支払わなければならないことで結果的には借換しないほうがよくなってしまうということが往々にして起こりえます。

　そのため，福祉貸付は一度利用したら借換は実質的に不可能と考え，利用する際には，慎重に検討を行うことが必要です。低金利の現在では，繰上返済や借換が自由にできる民間銀行からの借入のほうが総合的なリスクやコストが低くなる可能性も十分ありますので，さまざまな条件を考慮して慎重に検討をするようにしましょう。

著者紹介

平林　亮子（ひらばやし　りょうこ）

　公認会計士。経営コンサルタント。

　企業やプロジェクトのたち上げから経営全般に至るまで，あらゆる面から経営者をサポートしている。医療法人や医療関係の企業に対してコンサルティング業務を提供するかたわら，老人保健施設及び特別養護老人ホームの監事も務める。

　また，テレビ番組のコメンテーター，ラジオ番組のパーソナリティーを務めるなど，マスコミでも活躍。

　上場企業等における研修講師，企業展で講演講師を務めるなど，学校，ビジネススクール，各種セミナーなどで講義，講演も積極的に行っている。

　『決算書を楽しもう』（ダイヤモンド社），『お金が貯まる５つの習慣』『相続はおそろしい』（幻冬舎新書），『損しないのはどっち？』『レシートで人生を変える７つの手順』（幻冬舎）など，著書は監修を含めると50冊を超える。

　1975年千葉県生まれ。お茶の水女子大学文教育学部地理学科出身。大学３年次在学中に公認会計士試験合格。太田昭和監査法人（現新日本有限責任監査法人）にて国内企業の監査に多数携わった後2000年に25歳で独立。現在にいたる。

髙橋　知寿（たかはし　ともひさ）

　公認会計士・税理士。明治大学政治経済学部３年在学時に公認会計士試験に合格。明治大学卒業後は有限責任あずさ監査法人に勤務し，国内企業の監査に携わる。現在は，税理士法人タックス・アイズのパートナーとして，企業や公益法人等の各種税務申告業務を行うとともに，明治大学経理研究所特別指導員として公認会計士試験の受験生への指導も行っている。

　主な著書に『大学生は，なぜ公認会計士を目指さないのか。』（税務経理協会）がある。

著者との契約により検印省略

平成26年12月1日	初 版 発 行	
平成28年7月1日	第 2 版 発 行	
平成29年8月1日	第 3 版 発 行	
令和2年5月15日	第 4 版 発 行	
令和4年7月15日	第4版2刷発行	

やさしくわかる
社会福祉法人の経営と運営
〔第4版〕

著　者	平　林　亮　子
	髙　橋　知　寿
発 行 者	大　坪　克　行
印 刷 所	税 経 印 刷 株 式 会 社
製 本 所	牧 製 本 印 刷 株 式 会 社

発 行 所　〒161-0033 東京都新宿区
　　　　　下落合2丁目5番13号　　　株式会社 税務経理協会

振　替　00190-2-187408　　電話　(03)3953-3301（編集部）
ＦＡＸ　(03)3565-3391　　　　　　　(03)3953-3325（営業部）
URL　http://www.zeikei.co.jp/
乱丁・落丁の場合は，お取替えいたします。

ISBN978-4-419-06721-2　C3034